INFO GUIDE

Kykladen

von Manuela Blisse und Uwe Lehmann

Auf der hinteren Umschlaginnenseite finden Sie eine ausfaltbare Landkarte.

Inhalt

◁ *Oia gilt als das malerischste aller Dörfer auf Santorin*

1 Willkommen auf den Kykladen

Wie willkürlich mit dem Pinsel hingetupft in die türkisblaue Ägäis – so liegen sie da, die »Kreisförmigen«, die *Kykladen*. Über 200 unbewohnte und 24 bewohnte Inseln gruppieren sich ringförmig rund um das einst heilige Zentrum Delos. Die Kykladen verkörpern das Idealbild einer griechischen Insel schlechthin – in strahlendes Licht getauchte, bergige Eilande mit lebhaften Häfen, goldenen Sandstränden, verträumten Kiesbuchten und traditionellen Dörfern, die sich wie Amphitheater an kahlen Hügeln festklammern.

Typisch sind die kubischen, weiß getünchten Häuser mit ihren blauen Fensterläden, die sich wie Bauklötze dicht an dicht in den schmalen Gassen übereinanderstapeln, und die hell leuchtenden Kapellen, Kirchen und Klöster. Typisch sind auch die einmaligen Sonnenuntergänge und der heftig wehende Meltemi, der im Hochsommer willkommene Abkühlung bringt. Ebenso wie die gemütlichen Tavernen am Meer und in den en-

gen Gassen, wo man bei einem Glas *krasi* (Wein) wunderbar die Seele baumeln lassen kann. Und typisch sind die freundlichen Insulaner, die sich trotz des zunehmenden Massentourismus ihre Herzlichkeit bewahrt haben.

Dabei ist Insel längst nicht gleich Insel. Da gibt es Mykonos, das Sylt der Ägäis, Ios, die Party-Insel für das Jungvolk, Santorin, Traumziel für Kreuzfahrer und Honeymooner, Naxos, das Familienrefugium, Paros, die vielseitige Insel für alle Fälle, Delos, die Heilige, ein Muss für Kulturliebhaber, oder Amorgos, die Wanderinsel. Und all die anderen von Andros, der Fruchtbaren, bis Tinos, der Wallfahrtsinsel mit wundertätiger Marien-Ikone.

Jede Insel ist auf ihre Art einzigartig, bietet jeweils eine Facette der Faszination. Wer die Kykladen in ihrer ganzen Schönheit erleben möchte, sollte daher einige Male wiederkommen – und die Ägäis so gemächlich bereisen, wie es die Backpacker taten, die die Inseln in den 1970er und 1980er Jahren wieder entdeckten: in Piräus eine alte Fähre besteigen und mit ihr von Insel zu Insel hüpfen.

Das abendliche Naoussa auf Paros mit der angestrahlten Hauptkirche Kimisi tis Theotokou (Mariä Himmelfahrt)

2 Chronik

Daten zur Geschichte

9000 v. Chr. Vermutlich erste Siedlungen in der Mittleren Steinzeit.

6000–3000 v. Chr. Für das Zeitalter der Jüngeren Steinzeit sind Siedlungen auf den Kykladen belegt. So wurden auf der Insel Saliagos, die damals noch mit Paros und Antiparos über eine Landbrücke verbunden war, Spuren einer Bauern- und Fischersiedlung von 4000 v. Chr. entdeckt. Man weiß, dass Siedler aus Kleinasien Ackerbau und Viehzucht einführten.

3000 v. Chr. Beginn der kykladischen Kultur. In der Bronzezeit prägt die kykladische Kultur zusammen mit der helladischen des griechischen Festlands und der minoischen auf Kreta den ägäischen Kulturkreis.

3000–2000 v. Chr. Auf den Kykladen bilden sich in der frühen kykladischen Periode die ersten größeren Dörfer. Die Inseln treiben, wie unter anderem verschiedene Funde in Südfrankreich zeigen, bereits Handel im gesamten Mittelmeerraum. Es entstehen stilisierte Frauengestalten aus Marmor, die sogenannten Idole, sowie Schmuck und Waffen aus Gold, Silber, Kupfer und Bronze.

Kykladischer Frauenkopf aus der Zeit 2700–2500 v. Chr. (New York)

2000–1200 v. Chr. Die Inseln geraten immer stärker unter den Einfluss der aufstrebenden minoischen Kultur. Der große Vulkanausbruch auf Santorin um 1625 v. Chr. hat Auswirkungen auf die gesamte Ägäis, ist aber nicht – wie

Minoische Handelsschiffe auf einem Fresko aus Akrotiri auf Santorin (ca. 3200–1050 v. Chr., Athen)

lange angenommen – für den Untergang der Kultur auf Kreta verantwortlich.

Löwe von der Löwenterrasse auf Delos

ab 1200 v. Chr. Der mykenische Einfluss wird auf den Inseln immer bedeutender.

1200–750 v. Chr. In Griechenland herrscht das sogenannte »Dunkle Zeitalter« – eine Epoche, über die aus mysteriösen Gründen kaum Fundstücke Auskunft geben.

ab 750 v. Chr. Archaische Periode. Das klassische Zeitalter kündigt sich mit dem Aufkommen der ionischen Kultur an. Die Insel Delos wird im 7. vorchristlichen Jahrhundert zum wirtschaftlichen und religiösen Zentrum.

490–323 v. Chr. Klassische Periode. Athen dehnt seinen Einfluss in der Ägäis immer weiter aus. Es besiegt die Perser 490 v. Chr. bei Marathon und 480 v. Chr. in der Seeschlacht von Salamis. 478/477 v. Chr. wird Delos Sitz des Attisch-Delischen Seebundes. Als Athen die Bundeskasse 454 v. Chr. von dort nach Athen bringen lässt, verliert Delos an Einfluss.

323–146 v. Chr. Hellenistische Periode. Die Macht Athens, das durch Philipp von Mazedonien unterworfen wird, schwindet. Die Kykladen erleben eine Phase des Wohlstands.

146 v. Chr.–4. Jh. n. Chr. Die Römer beenden das hellenistische Zeitalter und beuten die Inseln gnadenlos aus. Im 1. und 2. Jh. findet bereits eine erste Christianisierung auf den Inseln statt.

395 Die Kykladen fallen bei der Teilung des Römischen Reiches an das Oströmische Reich mit der Hauptstadt Byzanz bzw. Konstantinopel.

4. Jh.–1207 Byzantinische Epoche. Auf den Kykladen breitet sich das Christentum immer stärker aus. Mit der Verlegung des römischen Machtzentrums nach Byzanz beginnt die gleichnamige Epoche, die in der Ägäis von Unsicherheit und zahlreichen Kämpfen zwischen Venezianern, Arabern, Byzantinern, Normannen und Vandalen gekennzeichnet ist.

1207–1566 Venezianische Epoche. Der Venezianer Marco Sanudo gründet das Herzogtum Naxos, zu dem auch Paros gehört. Seine Gefolgsleute belehnt er mit den kleineren Inseln. Die Dynastie der Sanudos beherrscht die Kykladen von Naxos aus bis 1383. Überreste dieser Zeit sind auf einigen Inseln noch heute unübersehbar. Ab 1416 geraten die Venezianer durch das Erstarken des Osmanischen Reiches auf den Kykladen zunehmend in Bedrängnis. Über 300 Jahre erstrecken sich die venezianisch-türkischen Auseinandersetzungen in der Ägäis. 1536 erobert der Osmane Khair-ed-din Barba-

Fischfang während der Bronzezeit: Fresko aus Akrotri

rossa, »Der Schrecken der Ägäis«, Paros und leitet damit das Ende des venezianischen Zeitalters ein.

1566–1830 Türkische Epoche. 1566 übernehmen die Türken die Vorherrschaft auf den Kykladen, doch erst 1714 verlieren die Venezianer mit Tinos ihren letzten Besitz hier. Mit den Machtansprüchen des zaristischen Russland erwächst den Osmanen nun ein neuer Gegner. Während des türkisch-russischen Krieges 1770–1774 geraten einige Inseln unter russischen Einfluss. Wie schon in vergangenen Jahrhunderten sind die Inseln auch in dieser Zeit immer wieder Piratenüberfällen ausgesetzt.

1821 Der griechische Befreiungskampf beginnt.

1830 Befreiung von der türkischen Herrschaft. Die Inseln werden Teil des neu gegründeten griechischen Staates.

1832 Otto I., ein Wittelsbacher, wird erster König des neuen griechischen Königreichs.

ab 1877 Auch die Kykladen leiden unter den Auswirkungen mehrerer Kriege: Russisch-Türkischer Krieg 1877, Griechisch-Russischer Krieg 1897, Balkankriege 1912–1914 und Erster Weltkrieg 1914–1918.

1921 Griechenland versucht die Küste Kleinasiens zu erobern, wird aber von den türkischen Truppen unter Kemal Pascha geschlagen.

1922/23 Die Griechen werden aus Kleinasien vertrieben. Etliche der Flüchtlinge lassen sich auf den Kykladen nieder.

1941 Nach dem griechischen *Ochi* (Nein) am 28. Oktober zum Ultimatum Mussolinis werden auch die Inseln von den Italienern besetzt; bald folgen deutsche Truppen. Der 28. Oktober ist als »Ochi-Tag« bis heute in Griechenland Nationalfeiertag, der allerorten mit Paraden gefeiert wird.

ab 1950 Auf den Kykladen setzt nach und nach ein zaghafter Tourismus ein, der sich ab 1970 vor allem auf den Inseln Mykonos, Paros, Naxos, Santorin und Ios zum Massentourismus entwickelt.

1956 Ein Erdbeben zerstört auf Santorin große Teile der Ortschaften Oia und Fira.

1975 Griechenland wird Republik.

1981 Griechenland wird Mitglied der Europäischen Gemeinschaft.

2005 Auf dem Ausgrabungsgelände von Akrotiri auf Santorin kommt es zu einem Unfall, bei dem ein Besucher getötet und sechs weitere verletzt werden. Die Ausgrabungsstätte bleibt daraufhin vorläufig geschlossen.

2007 Das Kreuzfahrtschiff »Sea Diamond« läuft am 6. April mit 1600 Passagieren an Bord bei der Einfahrt in die Bucht von Santorin auf ein Riff und geht unter. Zwei Menschen sterben.

Am 16. September führen vorgezogene Parlamentswahlen in Griechenland unerwartet zu einer klaren Mehrheit für den bisherigen Ministerpräsidenten Konstantinos Karamanlis und die konservative Nea Dimokratia.

2008 Schüler und Studenten demonstrieren im November zunächst friedlich gegen die Bildungs- und Sozialpolitik. Als ein 15-Jähriger von einer Polizeikugel tödlich getroffen wird, werden daraus massive Unruhen.

Mykonos-Stadt 3

Lebendiges Hafenstädtchen mit internationalem Flair

Mykonos ist die wohl bekannteste Insel der Kykladen und vielleicht die populärste griechische Insel überhaupt – jedenfalls wenn es nach den Griechen und besonders den Athenern geht. Mykonos ist so etwas wie das Sylt Griechenlands. Wer in der griechischen Hauptstadt etwas auf sich hält, fährt im Juli und August auf das kosmopolitische Eiland oder besitzt dort sogar eine Ferienresidenz. Zudem schließen zahlreiche angesagte Restaurants, Bars und Clubs in den Sommermonaten in Athen ihre Pforten und eröffnen in Mykonos-Stadt, auch Hora genannt, ihre Dependancen. Selbst für griechische Designer ist eine Filiale hier ein Muss.

Daneben hat schon seit etlichen Jahren die internationale Gay-Szene Mykonos zu einem ihrer bevorzugten Reiseziele auserkoren, und auch viele Künstler und Intellektuelle fühlen sich von der speziellen Atmosphäre angezogen. Doch gleichermaßen prägend für das Städtchen sind die zahlreichen großen Reisegruppen. Sie haben es nicht leicht, sich gemeinsam einen Weg durch die engen, kopfsteingepflasterten Gassen zu bahnen.

Abgesehen von den fantastischen Stränden der Insel ist es das malerische Mykonos-Stadt, das die zahlreichen Besucher anzieht. Berühmt sind vor allem das Nachtleben, die weltbekannte Hafenansicht und das verwinkelte Stadtbild mit den typischen weißblauen Kykladenhäusern und den charakteristischen Windmühlen.

Ins Meer gebaute Häuser in »Klein-Venedig« auf Mykonos

Vor der Kirche Agios Nikolaos nahe dem Alten Fährhafen: Watschelnde Pelikane sind die Maskottchen von Mykonos

Mykonos einst

In der Antike war die nur zwei Kilometer entfernte Nachbarinsel Delos das bedeutendste kulturelle und religiöse Zentrum in der Ägäis; das arme Mykonos, auf dem es nur eine unbedeutende Siedlung gab, stand in seinem Schatten. Ihren Namen bekam die Insel vom Sohn des Königs von Delos. Der Mythologie zufolge entstand das Eiland, als Herkules mit den Riesen kämpfte, sie tötete und ins Meer warf. Dort versteinerten sie und bildeten die Insel Mykonos.

Kultur und Geschichte der Kykladen wurden beeinflusst durch verschiedene fremde Völker wie Makedonier und Phönizier, Ägypter und Minoer. Auch die Römer haben durch die Zeit ihrer Herrschaft deutliche Spuren hinterlassen. 1207 kam die Insel – wie die meisten Kykladen – unter die Herrschaft der Ghizzi-Dynastie und stand ab Ende des 14. Jahrhunderts unter der direkten Verwaltung der Republik Venedig. 1537 wurde Mykonos zusammen mit vielen anderen Kykladeninseln osmanisch. Im Unabhängigkeitskrieg trug Mykonos viel zur Befreiung von den Türken im Jahr 1830 bei. Die Inselbewohner waren gute Seeleute und unterstützten den Befreiungskampf mit 22 Schiffen, 500 Mannschaftsmitgliedern und 140 Kanonen.

Mykonos wurde anschließend Teil des neuen, modernen griechischen Staates. Zunächst lag die Wirtschaft des Eilands lange Zeit am Boden, erst mit dem Aufkommen des Fremdenverkehrs setzte wieder ein Aufschwung ein.

Bereits zwischen den beiden Weltkriegen kamen Besucher in nennenswerter Zahl – zumeist um das heilige Delos zu sehen. Doch in größerem Maße setzte der Tourismus auf Mykonos erst in den 1960er Jahren ein. Heute ist er praktisch der einzige bedeutende Wirtschaftsfaktor, und die Insel zählt zu den wichtigsten Touristenzielen in der Ägäis, was sich besonders in der Hochsaison auch in einer gehobenen Preisstruktur niederschlägt.

Ein Stadtrundgang

Ein guter Ausgangspunkt zur Erkundung einer kleinen Hafenstadt ist das Meer. Dabei besitzt Mykonos-Stadt gleich drei Häfen. Etwas außerhalb,

zwei Kilometer nördlich der Stadt in Richtung Agios Ste-
fanos, liegt der **Neue Fährhafen**, an dem jedoch längst Eb2
nicht alle Fähren anlegen. Viele laufen auch im rund 400
Meter nördlich des Stadtzentrums gelegenen **Alten Fähr-** Eb2
hafen ein. Besonders bei der Abfahrt empfiehlt es sich da-
her, genau darauf zu achten, wo das Schiff festmacht.
Steigt man auf Mykonos um, kann es sein, dass man den
Hafen wechseln muss.

Vor dem eigentlichen Stadtzentrum liegt der **Alte Ha-** Fa/Fb2
fen. An der östlichen Mole legen nur noch die Ausflugs-
schiffe nach Delos ab. Von dort lässt es sich hervorragend
am Meer entlangbummeln, denn die Uferpromenade, **Pa-** Fb2
ralia genannt, ist gesäumt von vielen geschmackvoll res-
taurierten Häusern, die zahlreiche Cafés, Restaurants und
Ouzerien beherbergen. Vorbei am **Rathaus**, einem um Fb2
1780 erbauten, neoklassizistischen Gebäude, geht es wei-
ter bis zum westlichen Ende der Hafenbucht. Etwas zu-
rückversetzt liegt hier der **Platia Manto Mavrogenous** mit Fb2/3

der Büste jener Heldin des griechischen Befreiungskampfes, der er seinen Namen verdankt. Landläufig wird der Platz jedoch schlicht Taxi Square genannt.

Fb3
Fa3

Nördlich schließt sich der kleine Stadtstrand **Agia Anna** an und kurz dahinter findet man das **Archäologische Museum** der Insel. Unter den hier gezeigten Fundstücken ist ein fast anderthalb Meter hohes Pithos, ein Tongefäß aus dem 7. vorchristlichen Jahrhundert, das direkt in Mykonos-Stadt gefunden wurde. Es zeigt auf Reliefs Szenen aus dem Trojanischen Krieg, unter anderem auch die älteste Darstellung des Trojanischen Pferdes. Zu sehen sind auch Exponate, die auf der Mykonos vorgelagerten Insel Rinia ausgegraben wurden.

Fb2/3

Vom Platz aus führen die Straßen **Mavrogenous** und **Matogianni** mit einer Vielzahl von Shops, Restaurants und Boutiquen ins Zentrum. Wie auf der Promenade lässt es sich auch hier abends gut bummeln und einkehren; das Angebot an Restaurants und schicken Bars ist groß.

Fb1/2
Fb1

Hält man sich im Gassengewirr des Zentrums irgendwann rechts und biegt in eine der lebhaften Sträßchen wie beispielsweise die Kalogera ein, erreicht man die wohl charmanteste Ecke von Hora, das Viertel **Alefkandra**, das sich östlich des Zentrums bis zum Meer hinzieht. Der an die Küste grenzende Teil dieses pittoresken Viertels ist besser bekannt als das »**Klein-Venedig**« von Mykonos. Die Häuser sind direkt ans Meer gebaut und die hölzernen, über den Wellen schwebenden Balkone erinnern an die Architektur der Lagunenstadt. Im 18. Jahrhundert erbaut, gehörten diese Häuser einst wohlhabenden Kaufleuten und Kapitänen, die so mit ihren Booten direkt zu Hause anlegen konnten. In den zahlreichen Bars können die Besucher unmittelbar am Wasser die häufig eindrucksvollen

Sonnenuntergänge erleben. Gern starten die Nachtschwärmer hier ihren Zug durchs vibrierende Nachtleben.

Am südlichen Ende von Alefkandra stehen auf dem gleichnamigen Platz die römisch-katholische Bischofskirche **Panagia Rosario** sowie die orthodoxe Kirche **Panagia Theotokos Pigadiotissa**. Vom Platz aus führen Treppen hinauf auf den Hügel mit den charakteristischen fünf Windmühlen, den **Kato Mili**. Sie befinden sich heute in Privatbesitz und können nicht besichtigt werden. Fb1 Fb1

Orientiert man sich von Klein-Venedig aus an der Küste entlang zurück Richtung Alter Hafen, leuchtet einem die **Panagia Paraportiani** entgegen, eine für die Kykladen typische, aus fünf Kapellen bestehende, strahlend weiße Kirche. Von dort führt die Straße weiter zum **Volkskundemuseum**, das in einem restaurierten Kapitänshaus untergebracht ist und unter anderem Möbel und Musikinstrumente aus dem 18. bis 20. Jahrhundert zeigt. Fb1 Fa1

Ebenfalls in einem Kapitänshaus befindet sich das **Aegean Maritime Museum**, allerdings nicht – wie man vermuten würde – an der Küste, sondern in einer Gasse zwischen Alefkandra-Viertel und Zentrum. Auch das benachbarte **Lena's Haus**, benannt nach der letzten Bewohnerin Lena Skrivanou, lohnt einen Besuch. Haus und Möbel aus dem 18. Jahrhundert sind komplett erhalten. Fb/Fc2 Fb2

Etwas außerhalb des Zentrums liegt das **Landwirtschaftsmuseum**, das wie Lena's House Teil des Volkskundemuseums ist. Sehenswert in dem Freiluftmuseum sind unter anderem eine restaurierte und noch voll funktionstüchtige Windmühle, die Boni Windmühle, sowie eine Weinpresse. Fc3

Wohl die populärste aller griechischen Inseln – Mykonos

Service-Informationen zu Mykonos-Stadt

Fb2

Informationsbüro
Hinter dem Rathaus, 84600 Mykonos-Stadt
In der Saison 9–21 Uhr

Fb/Fc2

Aegean Maritime Museum
Tria Pigadia, En. Dinameon, Mykonos-Stadt
✆ 22 89 02 27 00
April–Okt. tägl. 10.30–13 und 18.30–21 Uhr
Eintritt € 3/1,50

Fa3

Archäologisches Museum
Beim Stadtstrand Agia Anna, Mykonos-Stadt
✆ 22 89 02 23 25, Di–So 8.30–15 Uhr, Eintritt € 2/1

Fc3

Landwirtschaftsmuseum
Agiou Ioannou, Mykonos-Stadt
Juni–Sept. 16–20 Uhr, Eintritt frei
Das Museum liegt etwas außerhalb an der Umgehungsstraße und ist Teil des Volkskundemuseums.

Fb2

Lena's House
Tria Pigadia, En. Dinameon, Mykonos-Stadt

Zum »Sundowner« im Viertel »Little Venice« (Mykonos)

Ostern–Okt. 18.30–21.30 Uhr, Eintritt frei

Fangfrisch!

Volkskundemuseum Fa1
Nahe der Paraportiani Kirche
Mykonos-Stadt
✆ 22 89 02 25 91, April–Okt. Mo–Sa 16.30–20.30 Uhr, Eintritt frei

Appalloosa Fb2/3
Mavrogenous 11, Mykonos-Stadt
✆ 22 89 02 70 86
Sehr beliebte Location, die mit einer Multikulti-Küche von indisch bis mexikanisch gefällt. €€–€€€

Avra Restaurant – Garden Fb2
Kaloqera, Mykonos-Stadt
✆ 22 89 02 22 98
Beliebtes Restaurant in der Ortsmitte. Man sitzt direkt an der lebhaften Straße, ruhiger im angenehmen Garten oder innen in schön eingerichteten Räumen. Serviert wird in jedem Fall gute griechische Küche, aber auch Pasta. €€

Casa di Giorgio Fb2
Mitropoleos, Mykonos-Stadt
Gute Pizzen sind auch auf Mykonos immer ein Renner, zumal, wenn man sie auf einer großen Terrasse essen kann. €€

Jimmy's Souvlaki Fc2
En. Dinameon/Ipirou
Mykonos-Stadt
Es gibt zahlreiche kleine Imbiss-Restaurants wie dieses in den Gassen. Sie servieren günstig kleine Souvlaki (um € 2) und Gyros-Pita, aber auch Hotdogs oder Pizzen. €

Mamacas Fb3
Mykonos-Stadt
✆ 22 89 02 61 20
Stylish, Ableger eines angesagten Restaurants im Athener Szenebezirk Gazi. Hochwertige griechisch-mediterrane Küche und sehr gute hellenische Weine. Schöner Innenhof, entspannte Atmosphäre. Reservieren. €€€

Aroma Café Fc2
Andronikou & En. Dinameon, Mykonos-Stadt

Beliebte Adresse im Zentrum für ein spätes Frühstück.

Fc2

Astra Bar
En. Dinameon, Mykonos-Stadt
✆ 22 89 02 47 67, www.astra.org.gr
Edler Club, in dem angesagte DJs aus Athen auflegen und gestylte Nachtschwärmer durchfeiern.

Fb1/2

Scandinavian Bar
Agios Ioannou Barkia, Mykonos-Stadt
✆ 22 89 02 26 69
Seit 30 Jahren eine der beliebtesten Mainstream-Bars der Insel mit zwei Open-Air-Bars und einer gut besuchten Disko.

Fc2

Space Dance
Laka, Mykonos-Stadt
✆ 22 89 02 41 00 (nach 20 Uhr)
Der nur »The Space« genannte Club ist der größte in der Hauptstadt. Internationale DJs und GoGos, Partys und Events – alles, was die Szene begehrt.

Fb3

Down Under Bar
Ag. Ioanninou, Mykonos-Stadt
✆ 22 89 02 35 42
Eine der ältesten Bars der Stadt mit breitem Musikangebot von aktuellsten Hits über Rock bis Reggae.

Fb1

Galleraki
Klein-Venedig, Mykonos-Stadt
✆ 22 89 02 71 88

Mykonos – weiß getünchte Häuser und schmale Gassen

Mykonos ist vor allem für sein Nachtleben berühmt

Angenehme Cocktailbar mitten in Klein-Venedig. Wunderbare Aussicht auf das Viertel, die Windmühlen und den Sonnenuntergang.

Pierro's Bar
Matogianni, 84600 Mykonos-Stadt
✆ 22 89 02 21 77
Ein Klassiker: seit 35 Jahren die führende Gay-Bar in der Stadt.

Fb2

Ramrod Club
Taxi Square, Mykonos-Stadt
✆ 22 89 02 43 01
Einer der neueren, in der Gay-Szene angesagten Clubs mit mitternächtlicher Liveshow. Zudem schöne Terrasse mit Blick auf den Hafen.

Fb2/3

Cinemanto
Pitaraki, Mykonos-Stadt
✆ 22 89 02 71 90
Schönes Open-Air-Kino im Garten. Zwei Vorstellungen jeden Abend, Programm wechselt regelmäßig.

Fc2

Florou Zouganeli
In dieser und anderen Straßen der Innenstadt gibt es zahlreiche Juwelierläden, Kunstgalerien und Geschäfte für Kunsthandwerk und Souvenirs. Viele international bekannte Marken wie Body Shop, Diesel oder Dolce & Gabbana unterhalten Boutiquen im Stadtzentrum.

Fb2

Parthenis
Plateia Alefkandra, Mykonos-Stadt
Schicke Klamotten vom bekannten Athener Designer Dimitris Parthenis.

Fb1

4 Vista Points

Inseln, Landschaften und Sehenswürdigkeiten

Mykonos

B4

Neben dem kosmopolitischen Mykonos-Stadt (Hora) sind es vor allem die schönen Strände, die Besucher nach Mykonos (10 000 Einwohner) locken. Die bekanntesten wie **Paradise Beach, Super Paradise Beach, Agrari** und **Elia Beach, Ornos, Platis Gialos, Paranga Beach** und **Psarou** liegen an der Südküste und sind mit dem Bus oder dem Wassertaxi zu erreichen. An den sogenannten »Party-Stränden« ist immer etwas los. Liegen und Sonnenschirme, Unterkünfte, Bars, Cafés und Restaurants sowie mehr oder weniger Wassersportangebote sind überall verfügbar. An einigen Strandabschnitten sind auch Nacktsonnen und -baden üblich, und jede Szene hat ihren Lieblingsstrand. Bei Windsurfern ist die Bucht von **Kalafati** am beliebtesten, wo es am hübschen Strand sowohl eine Windsurf- als auch eine Tauchschule gibt.

Ed2–4

Ec5

Wer es ruhiger mag, ist an der Nordküste besser aufgehoben. Hier gibt es noch etwas entlegenere Ecken zu entdecken. Zu erreichen ist dieser Teil der Insel am besten mit dem Mietwagen.

Ruhig geht es auch in den wenigen kleinen Dörfchen der Insel zu, so zum Beispiel in dem malerischen **Ano Mera**.

Ec4

Infos im Internet
www.mykonos.gr
www.mykonosgreece.com

Buslinien erschließen von den drei größeren Busstationen in Mykonos-Stadt aus fast die gesamte Insel. Infos: www.ktelmykonos.gr.

Kaikis, kleine Boote, fahren Besucher von Mykonos-Stadt aus auf dem schnellen Wasserweg zu zahlreichen Stränden der Insel.

Paradise Beach

Ed3

Paradise Beach ist der bekannteste Strand auf Mykonos und vor allem bei jungen Leuten ausgesprochen beliebt. Eine Strandparty jagt hier die nächste. Zwischen Paranga und Super Paradise Beach gelegen, ist er mit allen erdenklichen Freizeitmöglichkeiten – so unter anderem auch einer Tauchschule – ausgestattet.

Das berühmte **Cavo Paradiso**, ein großer Nachtclub, thront auf einem Hügel über dem Strand und besitzt einen Pool, ein Restaurant und eine Strandbar. Daneben gibt es noch zahlreiche weitere Beachclubs. Nachts verwandelt sich der Paradise Beach in einen einzigen riesigen Club, wo die Urlauber bis zum frühen Morgen am Strand und auf den Felsen feiern.

Und wieder ein Postkartenmotiv aus Mykonos: die Windmühlen von Ano Mera

Strandparty am Super Paradise Beach (Mykonos)

Ed3

Cavo Paradiso
Paradise Beach
✆ 22 89 02 72 05
www.cavoparadiso.gr
Eine der berühmtesten Amüsier-Institutionen der Insel. Jede Nacht feiern hier Tausende aus aller Welt.

Tasos Taverne
Paranga Beach
✆ 22 89 002 30 02
Zentral am Strand gelegenes Restaurant mit einer breiten Palette an Speisen von Fisch über Grillfleisch bis zu traditionellen Gemüsegerichten. €€

Dive Adventures
Mykonos Diving Center
Paradise Beach
✆ 22 89 02 48 08
www.diveadventures.gr
Tägl. zwei Tauchfahrten. Auch Kursangebot.

Ed3

Super Paradise Beach

Ein bisschen ruhiger geht es am benachbarten Super Paradise Beach zu. Am kurz **Super P** genannten Strand locken kristallklares Wasser und weicher goldener Sand. Unter Homosexuellen ist dies der beliebteste griechische Strand überhaupt, weshalb hier eine sehr internationale und lockere Atmosphäre herrscht. Von Wassersport bis zu Restaurants und Bars ist alles vorhanden, was in bekannten Urlaubsresorts Standard ist. Der Strand diente als Namensgeber für den bekannten Comic »Super Paradise« von Ralf König.

Agrari und Elia Beach

Ed3/4

Die beiden Strände liegen nahe beieinander und bilden zusammen einen langen Sandstrand, etwa zehn Kilometer von der Inselhauptstadt entfernt. Der Elia Strand ist der längste Sandstrand von Mykonos mit einer vielseitigen Auswahl an Tavernen, Bars und Wassersportangeboten wie Wasserski und Windsurfing. Bis Elia fahren auch die regulären Strandzubringerboote. Der Strand von Agrari ist etwas ruhiger.

Ano Mera

Ec4

Ano Mera ist nach Mykonos-Stadt das zweitgrößte Dorf, liegt im Zentrum der Insel und ist dort die einzige größere Siedlung. Es ist relativ ruhig im Vergleich zur Inselhauptstadt, auch wenn es schon ein wenig Tourismus gibt. Mittelpunkt ist die Platia mit meist gut besuchten Tavernen an drei Seiten des Platzes. Sein Auto parkt man auf dem zentralen Parkplatz in der Nähe der Platia.

Die Sehenswürdigkeit von Ano Mera ist das 1542 erbaute Kloster **Panagia Turliani**, dessen Hauptkirche eine Ikonensammlung sowie heilige Schriften und Gewänder beherbergt. Auch der markante Glockenturm und der Marmorbrunnen auf dem Hof des Klosters sind sehenswert. Ein weiteres, allerdings weniger beeindruckendes Kloster liegt am Rande des Ortes: das Kloster Paleonas. Ein Wahrzeichen von Ano Mera sind die **Windmühlen**.

Die Region östlich des Ortes ist touristisch praktisch völlig unerschlossen und kann nur über unbefestigte Straßen erreicht werden. An der Küste gibt es einige kleinere naturbelassene Strände und Buchten.

Panagia Turliani
Ano Mera
Tägl. 9–13 und 14–19.30 Uhr

Vangelis
Platia, Ano Mera
Eine der beliebtesten Tavernen am Dorfplatz mit schmackhaften Grillgerichten. €–€€

Delos

B4

Delos war im Altertum eine der heiligsten Stätten Griechenlands. Die Bezeichnung für die ganze Inselgruppe hängt mit ihr zusammen: Die Kykladen (vom altgriechischen *kyklos* = Ring, Kreis) erhielten ihren Namen, weil die Inseln im Ägäischen Meer als Kreis um das heilige Delos betrachtet wurden.

Delos gilt als Geburtsort der göttlichen Zwillinge Apollon und Artemis. Die Mythologie besagt, dass die Insel entstand, als die von Zeus geschwängerte Leto einen Platz suchte, um ihre Zwillinge zu gebären. Hera, die ei-

Die berühmte Löwenterrasse von Delos, dem mythologischen Geburtsort von Apollon und Artemis

fersüchtige Gattin von Zeus, hatte der Erde befohlen, Leto keinen Ort für ihre Niederkunft zu gewähren. Zeus Bruder Poseidon kam zu Hilfe und schuf mit einem gewaltigen Schlag seines Dreispitz die Insel Delos, wo Leto am Rande des heute ausgetrockneten **Heiligen Sees** ihre Kinder gebar.

B4

In der Nähe des Heiligen Sees befand sich die berühmte **Löwenterrasse**, die die Prozessionsstraße zum Heiligtum flankierte. Noch bis 1999 standen hier fünf von ursprünglich neun Löwenskulpturen aus dem 7. vorchristlichen Jahrhundert; heute sind nur noch Kopien zu sehen. Die Originale wurden in das **Museum** auf dem Gelände gebracht, wo auch prächtige Kouroi-Statuen und andere eindrucksvolle Funde ausgestellt sind.

Mittelpunkt des Heiligen Bezirks war das **Apollon-Heiligtum**. Ab dem 6. Jahrhundert v. Chr. entstanden nacheinander drei Apollon-Tempel, von denen heute nicht mehr allzu viel zu sehen ist. Im Heiligen Bezirk wurden auch ein **Heiligtum des Dionysos** und ein **Heiligtum der Artemis** errichtet.

Auf dem Hügel **Kinthos,** von wo aus sich ein sehr schöner Ausblick bietet, befanden sich unter anderem der **Isis-Tempel**, das **Heraion** – das Heiligtum von Hera – und unterhalb davon die **Terrasse der fremden Götter**.

Zwischen dem Heiligen Bezirk und der Terrasse der fremden Götter liegt der sogenannte Theaterbezirk mit dem **Antiken Theater** sowie Villen und Geschäftshäusern, darunter das **Haus der Masken** und das **Haus der Delfine**.

Heute ist die nur drei Quadratkilometer kleine Insel, die 1990 zum UNESCO-Welterbe erklärt wurde, unbewohnt – das Übernachten ist verboten. Doch von etwa 500 bis 87 v. Chr. war Delos ein bedeutendes Handelszentrum für den gesamten Mittelmeerraum. So wurde die Insel nach den Perserkriegen Sitz des Attisch-Delischen Seebundes – im Apollon-Heiligtum wurde die Bundeskasse aufbewahrt. Ein Erlass verbot, dass auf der Insel jemand geboren wurde oder starb. Schwangere und Kranke schaffte man auf die Nachbarinsel Rinia.

Stierköpfe als Giebeldekoration – Delos

Später trieben die Römer von Delos aus schwunghaften Handel, und Kaufleute aus verschiedensten Ländern ließen sich auf dem kleinen Eiland nieder. Sie bauten auch Tempel zu Ehren ihrer heimischen Götter wie den Tempel der fremden Götter.

Nach der Eroberung durch Mithridates, den König von Pontos, 87 v. Chr. verlor die Insel an Bedeutung. Im 3. Jahrhundert n. Chr. existierte hier nur noch eine kleine christliche Siedlung. Erst 1873 begannen französische Archäologen mit den Ausgrabungen.

Ausflugsboote fahren in der Hochsaison ca. viermal am Tag in 30 Minuten von Mykonos nach Delos (etwa € 10 hin und zurück); bei starkem Wind bleiben die kleinen Boote allerdings im Hafen. Von Mykonos aus werden auch organisierte Touren mit Führung angeboten.

Das ausgesprochen klare Licht auf Delos verbreitet eine ganz besondere Atmosphäre auf dem Eiland. Lohnenswert ist eine Fahrt jedoch vor allem für diejenigen, die ein ausgeprägtes Interesse an antiker Kultur haben, sonst kann die Tour – insbesondere in der Hochsaison, wenn es auf Delos heiß und voll ist – auch leicht zur Enttäuschung werden. Eine Kopfbedeckung und genügend Wasser sollten auf jeden Fall im Gepäck sein.

Delos Archäologische Stätte und Museum
✆ 22 89 02 22 56
Tägl. außer Mo 8.30–15 Uhr, Eintritt € 5/3
An der Kasse ist ein bebilderter Führer zu erwerben. Es werden geführte Touren in verschiedenen Sprachen angeboten.

UNESCO-Weltkulturerbe: die Insel Delos, ein antikes Freilichtmuseum

Die Terrassenkultur hat Tradition auf Tinos

Tinos

Tinos ist eine der größten Kykladeninseln und liegt im Dreieck zwischen Andros, Syros und Mykonos. Die grüne Insel ist so eine Art Lourdes von Griechenland – sie hat quasi die Nachfolge von Delos als heilige Stätte der Inselgruppe angenommen und ist ein bedeutender Wallfahrtsort. Die Heilige Jungfrau von Tinos, deren Ikone in der prächtigen Kirche **Panagia Evangelistria** in **Tinos-Stadt** aufbewahrt wird, zieht vor allem an ihrem Namenstag, dem 15. August, und am 25. März (Mariä Verkündigung) Tausende Pilger aus ganz Griechenland auf die Insel. 1871 erhob das Patriarchat der griechisch-orthodoxen Kirche Tinos zur »Heiligen Insel«.

Bekannt ist die Insel ferner für den Marmorabbau und seine Verarbeitung sowie die zahlreichen teils farbenfroh und kunstvoll verzierten Taubenschläge, die über das ganze Eiland verstreut sind und wie kleine Wehrtürme aussehen. Zwischen 600 und 800 sollen es insgesamt sein. Die Taubenzucht wurde einst von den Venezianern auf die Insel gebracht.

Daneben bietet Tinos aber auch mehr als 15 Kilometer teils einsame Strände mit goldgelbem Sand oder Kiesel und malerische Bergdörfer wie **Pirgos, Kambos, Arnados** oder **Falatados.**

In der Hochsaison bestehen regelmäßige **Busverbindungen** von Tinos-Stadt – die Haupthaltestelle ist am Hafen – in alle wichtigen Orte. In der Nebensaison fahren die Busse deutlich seltener.

Tinos-Stadt

Das fast schon städtisch wirkende Tinos-Stadt, auch Chora genannt, ist Hauptstadt, quirliger Haupthafen und touristisches Zentrum zugleich und wird von der aus Parischem Marmor erbauten **Panagia Evangelistria** beherrscht. Zu ihr hinauf führt vom Hafen aus eine der beiden Hauptstraßen, die **Megalochari**, die auch als Wallfahrtsstraße bekannt ist. Zu den großen Wallfahrten wälzen sich hier Menschenmassen entlang. An dieser Straße liegt auch das **Archäologische Museum**.

Die in der Kirche aufbewahrte Marien-Ikone fand man im Sommer 1822 aufgrund der Vision der einheimischen Nonne »Pelagia«, die später heilig gesprochen wurde, auf einem Hügel oberhalb der Stadt. Der Ikone werden heilende Kräfte zugesprochen, weshalb auch zahlreiche Kranke zu ihr pilgern. Neben der Ikone befinden sich in dem Kirchenkomplex mehrere sehenswerte Museen, die zur »Heiligen Stiftung Evangelistria« gehören. Unter der Kirche befindet sich ein kleines Mausoleum für die getöteten Besatzungsmitglieder des griechischen Kreuzers »Elli«, der am 15. August 1940 im Hafen von einem italienischen U-Boot ohne Vorwarnung versenkt wurde.

Die zweite Hauptstraße von Tinos-Stadt ist die sogenannte **Basarstraße** (Evangelistrias), die Einkaufsstraße, an der sich die Läden aneinanderreihen und das Geschäft mit den Pilgern blüht. Auch zahlreiche Restaurants und Cafés finden sich rund um den Hafen und die beiden Hauptstraßen.

Panagia Evangelistria
✆ 22 83 02 22 56
Kirche tägl. 7–20, Museen 8.30–20 Uhr
Der Marien-Ikone werden unzählige Bittgeschenke gemacht, die das Hauptschiff schmücken. Unter den zahl-

Die strahlende Marmorkirche Panagia Evangelistria in Tinos-Stadt ist die wichtigste Marien-Wallfahrtsstätte Griechenlands

Tinos ist bekannt für seine vielen Taubenhäuser aus venezianischer Zeit

reichen Opfergaben ist v.a. die Ikone selbst kaum noch zu erkennen.

Im Kirchenkomplex befinden sich folgende Museen:

Museum für spätbyzantinische Kunst

Ausstellung mit unter anderem zahlreichen kostbaren Ikonen.

Museum des Antonios und Lazaros Sochos

Stein-, Holz- und Gipsschnitzarbeiten der bekannten Bildhauer Antonios und Lazaros Sochos aus Tinos.

Kunstgalerie

Mehr als 100 Gemälde und Kopien der Arbeiten von bekannten griechischen und internationalen Künstlern sowie Gemälde aus der italienischen und ionischen Renaissance sind zu sehen. Dazu Vasen, Bestecke, Tische und andere wertvolle Objekte.

Museum der tinoischen Kunst

Gemälde und Skulpturen von griechischen Künstlern wie N. Gyzis, Nikephoros, G. Roilos, G. Vitalis, Lazors, Ioannis Voulgaris.

Archäologisches Museum
Megalochari, Tinos-Stadt
✆ 22 83 02 26 70
Tägl. außer Mo 8.30–15 Uhr
Hauptsächlich zeigt die Sammlung Fundstücke von der Insel wie etwa eine Sonnenuhr und ein Dachrelief vom Heiligtum des Poseidon. Dazu unter anderem Amphoren, Vasen, Skulpturen, Gebrauchsgegenstände.

Heiligtum des Poseidon
Tägl. außer Di 8.30–15 Uhr
Die Überreste des Tempels liegen etwa drei Kilometer westlich von Tinos-Stadt am Strand von Kionia. Hauptsächlich sind nur noch Grundrisse zu erkennen.

Epinion
Platia Taxiarchon, Tinos-Stadt
Großes, aber gutes Restaurant direkt am Hafen. €€

Strand von Kionia
Der Strand von Kionia, drei Kilometer westlich der Hauptstadt, ist der Hauptstrand von Tinos-Stadt. An dem 500 Meter langen dunklen Sandstrand steht auch das größte Hotel der Insel. Es lassen sich Liegen leihen und Wassersport wird angeboten.

Syros

Die Insel Syros (24 000 Einwohner) liegt sehr zentral inmitten der Kykladengruppe und ist das wirtschaftliche und verkehrstechnische Zentrum der Inseln. Die Inselhauptstadt **Ermoupolis** (14 000 Einwohner) ist zugleich die Hauptstadt der Kykladen und hatte besonders nach der Gründung des neuen griechischen Staates im 19. Jahrhundert eine überregionale Bedeutung. Sie war zunächst wichtiger für den neuen Staat als Athen, auch wenn dies letztendlich Hauptstadt wurde. Später dann, nach dem Bau des Kanals von Korinth, war Ermoupolis auch nicht länger größter griechischer Hafen, Piräus hatte es überflügelt.

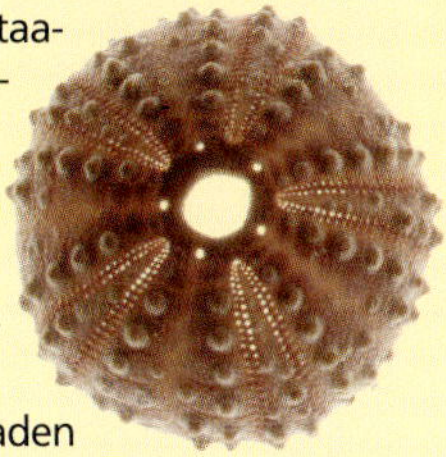
Seeigelskelett

Doch bis heute ist Ermoupolis für die Kykladen ein wichtiges Drehkreuz geblieben. Dabei sind Schifffahrt und Landwirtschaft trotz der zentralen Lage, der schönen Landschaft und der attraktiven Strände wichtiger für die Insel als der Tourismus. Viele Besucher der Kykladen verlassen die Fähren in Ermoupolis nicht, sondern fahren direkt weiter nach Mykonos und Paros. Womöglich ist das durchaus beeindruckende Panorama der Inselhauptstadt bei der Hafeneinfahrt manchem schon zu städtisch. Besonders unter Individual- und Rucksacktouristen hat die Insel allerdings durchaus ihre Fans. Vor allem jedoch machen Griechen gern Urlaub auf Syros.

In jedem Fall zählt Ermoupolis mit seinen zahlreichen und teilweise schon sehr aufwendig restaurierten venezianischen und neoklassizistischen Häusern zu den schönsten Städten Griechenlands.

Im Inselinneren liegen einige kleinere, zum Teil recht idyllische Dörfer. Der beliebteste Badeort ist **Galissas** an der Westküste, Hotels gibt es auch an der Bucht von **Finikas**.

Beeindruckendes Panorama der Insel-Hauptstadt von Syros: Ermoupolis

Infos im Internet
www.syros-greece.net

Regelmäßige **Busverbindungen** bestehen ganztags zwischen Ermoupolis und den Hauptstränden an der Südküste. Außerdem gibt es eine Linie nach Talanta, Galissas, Finikas, Delagratsia, Megas Yialos und Vari.

Ein anderer Bus fährt ab Ermoupolis die Route Talanta, Galissas, Vissa, Parakopi, Ano Mana, Agathopes, Komito, Kini bis nach Faneromeni.

Taxis stehen in Ermoupolis am Miaouli-Platz, dem Hauptplatz.

Ermoupolis

Ermoupolis, auch die »Herzogin der Ägäis« genannt, ist wohl der einzige Ort auf den Kykladen mit städtischem Charakter. Vom Hafen aus betrachtet schiebt sich die Hauptstadt mit ihren weißen und pastellfarbenen Gebäuden zwei kahle Hügel empor. Auf dem steileren westlichen Hügel thront die katholische Bischofskirche **Agios Georgios**, der östliche wird überragt von der orthodoxen Kathedrale **Anastaseos tou Sotiros**.

An die Stadt schließt sich hügelaufwärts das malerische **Ano Syros** an. Das Dorf ist geprägt von kubischen Häusern und engen, für Autos gesperrten Gassen. Aus Ano Syros stammt einer der berühmtesten Rembetiko-Sänger Griechenlands, der 1972 verstorbene Markos Vamvakaris, dessen Lieder auch heute noch populär sind. Ihm ist hier in einem traditionellen Gebäude ein kleines Museum gewidmet.

Auf dem Hügel Ano Syros in Ermoupolis thront die katholische Bischofskirche Agios Georgios (Syros)

Mittelpunkt der Stadt ist die lang gestreckte, palmengesäumte **Plateia Miaoulis** mit dem prächtigen, Ende des 19. Jahrhunderts von dem bayerischen Architekten Ernst Ziller im Stile eines palastartigen Herrenhauses erbauten **Rathaus**. Im Westflügel des neoklassizistischen Gebäudes befindet sich das kleine, bereits 1835 gegründete **Archäologische Museum**. Außerdem ist im Rathaus eine Kunstgalerie untergebracht.

Am selben Platz befindet sich das **Kulturzentrum** von Ermoupolis, ein schönes Gebäude, in dem regelmäßig unterschiedliche kulturelle Veranstaltungen wie Konzerte und Ausstellungen stattfinden. Auf der Plateia steht das Denkmal von Andreas Miaoulis, eines Helden aus dem griechischen Befreiungskampf. Zudem sind hier interessante Relieftafeln aus Marmor zu sehen, die Apollo und die neun Musen darstellen.

Vor allem abends ist die Plateia Miaoulis mit ihren vielen Restaurants und Cafés sehr belebt. Über die Eleftheriou Venizelou gelangt man vom Platz zur Wasserfront; in einer Seitengasse befindet sich der Gemüsemarkt.

Überall im Stadtbild stößt man auf prächtige Herrenhäuser, Statuen und Monumente, mit Marmor gepflasterte Straßen und Plätze. Sehr sehenswert ist beispielsweise auf dem Vardaki-Platz das **Apollo-Theater**, das nach dem Vorbild der Mailänder Scala von dem französischen Architekten Chabeau entworfen wurde. In dem renovierten Gebäude finden wieder Aufführungen statt.

Von hier ist es nur ein kurzer Spaziergang zur klassizistischen Kirche Agios Nikolaos. Damit befindet man sich im **Vapori-Viertel**, in dem sich im 19. Jahrhundert reiche Kaufleute und Reeder niederließen, was sich heute noch an den prächtigen Villen erkennen lässt.

Archäologisches Museum
Plateia Miaoulis, 84100 Ermoupolis
✆ 22 81 08 84 87, Di–So 8.30–15 Uhr, Eintritt € 3
Ausgestellt sind verschiedenartige Fundstücke von Ausgrabungen auf Syros und anderen Kykladeninseln, so unter anderem Keramik, Metallkunstarbeiten, Waffen, Vasen und Stelen.

Industriemuseum – Biomechaniko Museio
Papandreos, im Industriegebiet gegenüber vom Krankenhaus, Ermoupolis
✆ 22 81 08 47 64, Im Sommer Tägl. außer Di 10–14, Do–So auch 18–12 Uhr, Eintritt € 3
Eine Sammlung alter Maschinen und Werkzeuge aus Textilindustrie, Maschinenwerkstätten, Brennereien, Schiffsbau und Landwirtschaft von Syros, die an die wirtschaftliche Glanzzeit der Insel im 19. Jahrhundert erinnern.

Restaurants am Hafen
An der Promenade am Hafen gibt es Cafés und Res-

taurants für jeden Geschmack, so etwa das **Plaza Café** oder das **Ta Giannenna**. €€

Goodys
Gegenüber vom Fährhafen, Ermoupolis
Ein modernes, sauberes Fast-Food-Restaurant der griechischen Art mit anständigem Essen und großer Auswahl. €

Thalami
Kalamenopoulou 1, 84100 Ermoupolis
✆ 22 81 08 53 31
Gutes Restaurant in einem neoklassizistischen Gebäude direkt an den Felsen am Meer. €€

Taverne O Lilis
Hauptgasse, 84100 Ano Syros
✆ 22 81 08 80 87
Traditionelle Taverne im oberen Dorf, die wegen ihrer guten Küche und der wunderbaren Aussicht äußerst beliebt ist. In der Saison kann eine Reservierung nicht schaden. €–€€

Casino Syros
Gegenüber vom Fährhafen, Ermoupolis
www.casinosyros.gr
In einem wunderschön restaurierten klassizistischen Gebäude am Hafen befindet sich das einzige Casino der Kykladen. Hier können Besucher unter anderem bei Black Jack, Roulette, Stud-Poker und an Slot-Maschines versuchen, ihre Urlaubskasse aufzubessern. Legere Kleidung ist ausreichend, allerdings sind für Männer lange Hosen Pflicht.

Galissas

Galissas ist das lebhafteste Urlaubsresort der Insel. An einer weitläufigen Bucht an der Westküste liegt der Ort selbst etwas vom Meer zurückversetzt in einer fruchtbaren Ebene. Galissas besitzt den besten Sandstrand der Insel, an dem etliche Neubauten entstanden sind, ohne dass es schon zu überlaufen wäre. Es gibt zahlreiche Restaurants und Cafés und inzwischen auch eine neue Uferpromenade. Zwei Diskotheken bieten sogar ein bisschen Nachtleben, wobei es die Disko am Campinglatz schon Ende der 1970er Jahre gab.

Finikas

Einst nur ein kleiner Fischerhafen ist Finikas vor allem wegen der Marina inzwischen bei Segeltouristen sehr beliebt. Leider sind die Strände in der Nähe nicht ganz so schön. Die Umgebung des Ortes ist sehr von der Landwirtschaft geprägt.

Foradenes
Koulouris, 84100 Finikas

B3

Von der großen Terrasse blickt man über die Marina hinweg bis zur benachbarten Insel Serifos. Gelungene griechische Küche. €€

Kini

Dieses noch beschauliche Fischerörtchen mit angenehmem Flair liegt an einer fast kreisrunden Bucht an der Westküste. Die Besucher tummeln sich am nahe gelegenen Kies-Sand-Strand **Lotos Beach** oder genießen Ägäis-Stimmung in einer der Tavernen.

Lotos
Lotos Beach, 84100 Kini

In der sehr angenehmen, am Meer gelegenen Taverne genießt man nicht nur ordentliche Kost, sondern auch einen herrlichen Sonnenuntergang. €–€€

Paros

C3/4

Paros ist nach Mykonos und Santorin die beliebteste Kykladeninsel und mit einer Fläche von 186 Quadratkilometern nach Andros und Naxos die drittgrößte. Über 120 Kilometer Küste bieten Strandliebhabern die Garantie, auf ihre Kosten zu kommen. Bei Windsurfern ist Paros wegen des im Sommer hier besonders stetig wehenden Meltemis überaus populär. Zudem streitet es mit Ios um die zweifelhafte Ehre, beim Nachtleben die Nummer zwei der Kykladen zu sein.

Blick von der Kaimauer auf das alte venezianische Kastell am Hafen von Naoussa (Paros)

Kunst aus Parischem Marmor: die »Nike von Samothrake« (ca. 190 v. Chr., Louvre, Paris)

Beliebtes Urlauberziel ist der Hauptort **Parikia** an der Westküste. Zu Zeiten der Minoer errichtete der Kreter Alkaios, der erste König von Paros, bereits eine Stadt an der Stelle der heutigen Hauptstadt und trieb Handel mit Ägypten, Syrien und dem Balkan. Beliebt bei Besuchern der Insel ist auch das malerische **Naoussa** im Norden. Wie Parikia liegt es an einer geschützten Bucht.

An der Ostküste finden sich nette kleine Orte und herrliche Strände wie der **Golden Beach**, der auch das Wassersportzentrum der Insel ist.

Bei all dem ist nicht zu vergessen, dass die hügelige und fruchtbare Insel, auf der unter anderem Wein angebaut wird, landschaftlich sehr reizvoll ist. Im Zentrum erheben sich Berge bis auf knapp 800 Meter Höhe.

Parikia

Naoussa

G. Beach

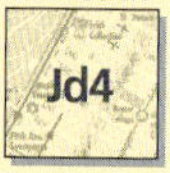

An der Nordseite des 771 Meter hohen Profitis Ilias wurde schon in der Antike der berühmte weiße Marmor von Paros abgebaut, der den Wohlstand der Insel begründete. Etwa von 480 bis 323 v. Chr. war Paros auf seinem wirtschaftlichen und künstlerischen Höhepunkt. Der parische Marmor war berühmt und die Nachfrage groß; bekannte Bildhauern wie Scopas und Agorakritos schufen berühmte Kunstwerke wie die »Nike von Samothrake«, die heute im Louvre in Paris zu sehen ist.

Paros zählte zu jener Zeit ungefähr 50 000 Einwohner und verfügte über prächtige Marmorbauten. Unter den Römern schwand die Bedeutung der Insel, nahm jedoch im venezianischen Zeitalter durch den Export des Marmors nach Venedig wieder einen kleinen Aufschwung. Während der türkischen Besatzung spielte die Insel keine besondere Rolle. Wie die anderen Kykladen schloss sich auch Paros nach der Befreiung dem neuen Hellenischen Staat an.

Noch immer wird auf Paros Marmor abgebaut, allerdings ist der nur noch im Tagebau gewonnene Stein von minderer Qualität und wird vorwiegend als Baustoff eingesetzt. Am früher unter Tage abgebauten Marmor schätzten die Bildhauer besonders seine im hohen Kristallgehalt begründete Lichtdurchlässigkeit, die ihn im Übrigen auch für Dachdeckungen interessant machte. Berühmtheiten wie die Venus von Milos und der Apollontempel in Delhi sind mit Parischem Marmor gefertigt.

Infos im Internet
www.parosweb.com, www.paros.la

Es gibt regelmäßige **Busverbindungen** auf der Insel, am häufigsten wird Naoussa angefahren.

Parikia

Jb/Jc 1/2

Die von Bergen umrahmte und rund um die Bucht gebaute Inselhauptstadt Parikia (3000 Einwohner), auch Paros-Stadt genannt, ist Anlaufpunkt aller großen Fähren. Das Leben spielt sich vor allem an der langen Uferpromenade, in den verwinkelten Gassen der Altstadt und an der bekannten Marktstraße **Agora** ab. Letztere beginnt am neu gestalteten Hafenplatz. Viele Restaurants und Cafés liegen auch südlich des **Hafens**, dessen Eingang von einer charakteristischen Windmühle markiert wird.

Berühmt weit über die Insel hinaus ist die Kirche **Panagia Ekatontapiliani** (Unsere Dame der hundert Tore), auch Katapoliani genannt, die eigentlich aus drei Einzel-

Charakteristisch für Parikia sind die alten Windmühlen (Paros)

Helena, die Mutter Kaiser Konstantins d. Gr., auf einer römischen Münze

kirchen besteht. Sie ist rund 1500 Jahre alt und gilt als eines der wichtigsten byzantinischen Denkmäler Griechenlands. Im Innern beherbergt sie byzantinische Ikonen und Skulpturen sowie eine sehenswerte holzgeschnitzte und mit Ikonen bedeckte Wand. Der Kirche ist das kleine **Byzantinische Museum** angeschlossen.

Gegründet wurde das Gotteshaus wohl von der Heiligen Helena, Mutter des ersten christlichen Kaisers Konstantin des Großen, als sie auf ihrer Reise in das Heilige Land Palästina auf der Suche nach dem Heiligen Kreuz auf Paros eine Pause einlegte.

Unweit der Kirche sind im **Archäologischen Museum** Fundstücke aus verschiedenen Epochen ausgestellt, die auf Paros und seinen kleinen Nachbarinseln ausgegraben wurden. Darunter einige bemerkenswerte Marmorstatuen wie die 2,74 Meter große Artemis-Statue.

Sehenswert sind einige Gehminuten vom Hafen entfernt auf dem höchsten Punkt der Stadt auch die venezianische Festung **Kastro** aus dem 13. Jahrhundert und vor allem das umliegende gleichnamige Ortsviertel, das Herz der Altstadt. Für die Erbauung der Burg wurden die Steine und Säulen eines antiken Akropolis-Tempels genutzt, der an derselben Stelle stand. Heute ist nur noch ein Teil der Mauer der venezianischen Anlage erhalten. Besucht werden kann auch ein über 3000 Jahre alter **antiker Friedhof**.

Nicht weit von Altstadt und Hafen beginnen bereits die ersten schönen Strände wie der **Livadia Beach**, der nur etwa 800 Meter vom Hafen entfernt liegt. Hier wird jede Art von Wassersport angeboten. Auch die zwei Strände **Marchello** und **Krios** liegen in der Parikia-Bucht und bieten einen schönen Blick auf den Hafen und die Inselhauptstadt.

Jb1

Jb1/2

Eines der bedeutendsten byzantinischen Baudenkmäler Griechenlands: die Kirche Panagia Ekatontapiliani in Parikia (Paros)

Der kleine **Agia Irini Beach** liegt wenige Kilometer südlich von Parikia. Die Palmen verleihen dem Strand fast schon ein wenig tropisches Flair. Eine schöne gleichnamige Kirche befindet sich am Rand des Strandes. Essen kann man in einer guten Taverne.

Jc1

Panagia Ekatontapiliani
Plateia Ekatontapiliani, 84400 Parikia
Im Sommer 7.30–21.30, im Winter 8–13 und 16–21 Uhr

Jb/Jc 1/2

Byzantinisches Museum
In der Kirche Panagia Ekatontapiliani, Parikia
Tägl. 9.30–14 und 18–21 Uhr, Eintritt € 2

Archäologisches Museum
hinter der Kirche Panagia Ekatontapiliani, Parikia
Tägl. außer Mo 8.30–15 Uhr, Eintritt € 2
Das Museum präsentiert eine große Sammlung an Funden, die aus der neolithischen und der Bronzezeit sowie aus der klassischen und hellenistischen Periode stammen. Die bedeutendsten Exponate des Museums sind die Marmorstatue von Gorgo, das Akrotirion eines Tempels, zwei Marmorrelieftafeln, die aus der Ekatontapiliani-Kirche stammen, sowie die Artemis-Marmorstatue.

Levantis
Mitten im Kastro-Viertel, Parikia
Griechische Küche mit internationalen Einflüssen. Hübsche Außenplätze. €€

Ouzeri Apostolis
Livadia Beach, Parikia
Alteingesessenes Restaurant am Strand mit großer Auswahl und angenehmer Atmosphäre. €€

Happy Green Cows
Parikia
✆ 22 84 02 46 91
Sehr nett gemachtes Restaurant, das den Schwerpunkt auf vegetarische Gerichte legt. €€

Akrogiali
Livadia, Parikia
✆ 22 84 02 13 19
Hübsche Taverne, nur durch die Uferstraße vom Strand getrennt. Neben den Standards kommen auch noch traditionelle griechische Gerichte auf den Tisch. €–€€

Magaya
Souvlia Beach, Parikia
Lounge, Beach-Bar, Café und Restaurant am Strand. Serviert wird asiatische Küche, dazu gibt es World Music. Angesagter Treff.
€€

Jb/Jc 1/2

Aqua Park

Es gibt inzwischen zwei Aqua Parks mit Pools und Wasserrutschen auf Paros. Einer liegt an der Straße von Parikia nach Lefkes kurz hinter dem Ortsausgang. Hier befindet sich auch eine Gokart-Bahn. Der größere Wasservergnügungspark ist in der Nähe von Naoussa (siehe unten) und ist ab Parikia mit einem Zubringerbus zu erreichen.

Wassertaxis fahren vom Hafen zu den verschiedensten Stränden rund um Parikia.

Ja4

Kloster Zoodochos Pigi

Das nach seinem Gründer auch Langovarda genannte Kloster wurde 1638 zu Ehren von Zoodochos Pigi errichtet. Das größte Kloster der Insel liegt sechs Kilometer von Naoussa entfernt und ist bekannt für seine besondere Architektur. Es beherbergt eine Bibliothek mit wertvollen Manuskripten sowie eine Buchbinderei. Die Ikonen und Fresken im Inneren der Kirche sind sehenswert, allerdings dürfen nur Männer das Kloster betreten.

Ja/Jb3

Naoussa

St. Maria Ja4

Kolimb. Ja3

Der hübsche Fischerort mit einem der malerischsten Häfen der Kykladen liegt im Inselnorden an einer wunderbaren großen Bucht. Direkt hinter dem **Hafen** lädt das kleine Altstadtviertel zu einem Bummel ein. Drumherum expandiert der Ort und entwickelt sich immer mehr zu einem internationalen Touristenzentrum. Dementsprechend vielfältig ist das Angebot an Unterkünften, Restaurants, Bars, Cafés und Freizeitmöglichkeiten. Der Hafen ist von hübschen Tavernen und Ouzerien gesäumt.

Im Ort selbst kann man das **Byzantinische Museum** in der Kirche Agios Nikolaos 200 Meter oberhalb des Dorfplatzes sowie ein kleines **Folklore-Museum** besichtigen. Außerdem soll ein neues Weinmuseum der bekannten griechischen Winzerfamilie Boutari eröffnet werden.

Aus der Bucht von Santa Maria: die große Fass - schnecke

Hauptanziehungspunkt sind für viele Urlauber natürlich die außerordentlichen Strände in der Nähe, zu denen vom Hafen aus den ganzen Tag Badeboote pendeln. Diese schippern beispielsweise zu den feinsandigen Stränden der Halbinsel **Santa Maria** oder zu den Badebuchten am Strand von **Kolimbithres**. Letzterer ist einer der bekanntesten Strände von Paros. Der in der großen Bucht von Naoussa, auch Plastira-Bucht genannt, gelegene Strand beeindruckt besonders durch die Granitfelsen, die sich in vergangenen Jahrtausenden durch die Einflüsse von Meer und Wind zu bizarren Gebilden geformt haben. Kleine Sandbuchten liegen nahe beieinander und bilden gemeinsam den Kolimbithres Strand (übersetzt: Schwimmbecken). Mit etwas Glück lässt sich in

Fischerboote im kleinen venezianischen Hafen von Naoussa (Paros)

der Vor- oder Nachsaison sogar noch eine einsame Bucht entdecken. Verteilt über das Strandgebiet liegen Bars und Tavernen.

Der Strand lässt sich auch über die Straße erreichen, an der die **Mykenische Akropolis** liegt. Die wenigen Überreste lohnen den steinigen Weg hinauf nicht, jedoch ist der Blick über die Bucht von Naoussa sehr schön.

Ja3

Gleichfalls über Land und Wasser erreichen lässt sich der **Monastiri Strand** (Klosterstrand), der ein paar Kilometer hinter Kolimbithres Beach in einer kleinen felsigen Bucht liegt, die von steinigen Hügeln umgeben ist. Im Juli und August ist er sehr gut besucht und ein beliebter Anlegeplatz für Yachten. Es gibt verschiedene Wassersportangebote und Tavernen, die auch Liegen und Sonnenschirme vermieten. In der Hochsaison werden am Strand unter anderem Konzerte und Strandpartys veranstaltet.

Ja3

Byzantinisches Museum
84401 Naoussa
Di, Do, Sa/So 11–13.30 und 17–19 Uhr, Eintritt € 2
Byzantinische und nachbyzantinische Kunst, u. a. Ikonen und Gravierungen, römische und fränkische Skulpturen.

Ja/Jb3

Folklore-Museum
Naoussa
Tägl. 9–13 und 18–20 Uhr, Eintritt € 2
Hauptsächlich kykladische Trachten.

Zum Trocknen aufgehängt: Oktopus

Balcony
Im Zentrum, Naoussa
Etwa 150 Meter hinter dem Hafen am Hügel gelegenes Restaurant mit Aussicht. Küche

bietet von allem etwas: griechische Spezialitäten, Fleisch vom Grill, Pizza und Pasta. €–€€

Moshonas
Am Hafen, Naoussa
Traditionelle Hafentaverne mit großer Auswahl an Seafood und vielen kleinen Vorspeisen. €–€€

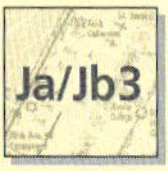

Amelie
Am Fischerhafen, Naoussa
✆ 22 84 05 28 35
Nettes Café, das von früh morgens bis spät in die Nacht geöffnet ist. Gut zum Frühstücken, innen große Leinwand für Sportübertragungen. Draußen sitzt man nett am Hafen und kann »Leute gucken«.

Moraitis Weingut
Außerhalb von Naoussa bei Agioi Anargyroi
✆ 22 84 05 13 50, www.paroswines.gr
Tägl. 9–15 Uhr
Die restaurierte historische Kellerei beherbergt ein interessantes Weinmuseum. Auch die Weinberge und modernen Produktionsanlagen können besichtigt werden.

Naoussa Paros Sailing Center
Naoussa
✆/Fax 22 84 05 26 46, www.paros-sailing.com
Segel-Tagestouren ab Naoussa-Hafen zu den benachbarten Inseln sowie Yacht-Charter.

Aqua Paros
Im Komplex Porto Paros

Naoussa: Um den malerischen Hafen reiht sich Taverne an Taverne

In der Nähe des Strands Kolimbithres
Der Wasservergnügungspark benutzt Salzwasser. Vergnügen kann man sich unter anderem am eigenen Strand, im Schwimmbecken, auf 13 Wasserrutschen oder im »Lazy River«. Es gibt einen Zubringerbus ab Parikia.

Marpissa

Jd4

Das schmucke Dorf liegt etwa 15 Kilometer von Parikia entfernt im Osten der Insel. Es schmiegt sich fast wie ein Amphitheater an den Hang des Hügels Kefalos und wurde im klassischen Kykladenstil mit schmalen Gassen, weiß gekalkten Häusern und Kirchen erbaut. Sehenswert sind die im 15. Jahrhundert errichtete venezianische **Festung am Berg Kefalas** und das **N. Perantinos Museum** mit Statuen, Reliefs und Medaillen, gestiftet vom lokalen Bildhauer Perantino.

In der näheren Umgebung befinden sich einige der schönsten Sandstrände der Insel wie der bekannte **Golden Beach**, das Mekka der Wind- und Kitesurfer und einer der größten Strände von Paros. Auch etliche Unterkünfte, Bars und Tavernen sind am Strand vorhanden. Direkt nebenan liegt der **New Golden Beach**, auch unter dem Namen Tserdakia bekannt. Nicht weit entfernt lockt der **Punda Beach** – nicht zu verwechseln mit Pounda Beach südlich von Parikia gegenüber der Insel Antiparos – vor allem jüngere Leute zum Feiern in den bekannten **Punda Beach Club**. Der Strand ist einer der berühmtesten und meistbesuchten der Insel und mit allen Freizeiteinrichtungen des modernen Tourismus ausgestattet.

Jd4

Jd4

Jd4

Der von Marpissa aus nächstgelegene Strand ist beim kleinen Hafenort **Piso Livadi.** Das Wasser ist klar und flach; Essen lässt es sich angenehm in den Tavernen des Ortes. Weiter nördlich befinden sich zwei weitere Strände: **Molos** in einer kleinen Bucht und **Tsoukalia**. Ebenfalls in der Nähe von Piso Livadi, jedoch etwas weiter südlich, liegt der Strand von **Logaras**.

Jd4

Jc/Jd4

Viva Punda – Punda Beach Club
Punda Beach
Riesiger Beach Club mit zahlreichen Bars, Restaurants, Lounges etc. Im Juli und August werden hier quasi nonstop Partys gefeiert.

Jd4

Aegean Diving College
Golden Beach
Professionell geführte Tauchschule, die Tauch-Tagesexkursionen sowie PADI-open-water-Kurse anbietet. Angeschlossen ist **Octopus Sea Trips**, die beispielsweise Schnorchel-Ausflüge durchführen.

Fanatic Fun Centre
Golden Beach

Lefkes, ein Kykladenbergdorf wie aus dem Bilderbuch (Paros)

✆ 22 84 04 17 89, www.fanatic-paros.com
Große Windsurfstation mit Kursangebot und Materialverleih, die auch Kitesurfen, Katamaransegeln und Wasserski im Angebot hat.

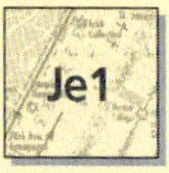

Aliki

Aliki ist ein ruhiger kleiner Badeort an der Südküste mit einem 150 Meter langen Hauptstrand und weiteren Badebuchten in der näheren Umgebung. Der Abend lässt sich wunderbar in den Tavernen an der Hafenmole oder im kleinen Dorfzentrum genießen.

Lefkes

Das typische kykladische Bergdorf liegt zentral – fast genau in der Mitte der Insel an einem Berghang. Im Mittelalter war Lefkes die Hauptstadt der Insel. Von seiner früheren Bedeutung zeugt heute noch die große Kathedrale **Agia Triada**.

Die verwinkelten Gässchen laden zum Schlendern ein. Dabei trifft der Besucher an einem Dorfplatz auf ein interessantes klassizistisches Kaffeehaus und im Hotel Lefkes Village auf das private **Museum der Ägäischen Volkskultur**. Außerdem gibt es auch ein **Volkskundemuseum,** das über Objekte des täglichen Bedarfs einen Eindruck in das traditionelle Leben der Einwohner von Paros in der Antike gewährt. Vom zentralen Dorfplatz aus führt ein drei Kilometer langer byzantinischer Fußweg über terrassierte Felder zum Dorf **Prodromos**.

Auf dem Weg von Lefkes nach Parikia lohnt ein Stopp an den alten Marmorstollen bei **Marathi**. Die Erkundung ist jedoch nicht ganz ungefährlich.

Antiparos

Gegenüber der Südküste von Paros liegt nur etwa zwei Kilometer entfernt die kleinere Schwesterinsel Antiparos. Sie ist ganzjährig mit Autofähren ab Pounda und im Sommer auch mit regelmäßig verkehrenden Ausflugsbooten ab Parikia zu erreichen.

Auf der Insel leben etwa 1000 Einwohner, die meisten davon im **Hafen** und **Hauptdorf Antiparos**. In dem ruhigen und freundlichen Ort spielt sich das Leben vor allem am Hafen mit seinen Tavernen und an der Platia im Zentrum ab. Hafen und Hauptplatz sind durch eine kleine Fußgängerzone miteinander verbunden. Es gibt einige hübsche Strände, etwa **Diapori** und **Sifneika**, die von Antiparos aus zu Fuß zu erreichen sind. Einzige Sehenswürdigkeit im Inselinneren ist die **Tropfsteinhöhle** am Fuße des 301 Meter hohen Profitis, in die man über 100 Stufen hineinsteigen kann. Mehrmals täglich fahren vom Hafen aus Busse dorthin.

Architektur auf den Kykladen

Vielerorts findet sich auf den Inseln die traditionelle Kykladenarchitektur: weiß getünchte, kubische Häuser mit Flachdächern, blauen Holzfenstern und -türen sowie kleinen Balkonen. Die flachen Dächer bieten den starken Winden wenig Angriffsfläche, und die leuchtend weiße Farbe reflektiert die Sonne und hält so das Hausinnere kühl.

Die Orte sind oft wie ein Amphitheater an einen Hügel gebaut. Enge, ebenfalls weiß getünchte Gassen und Treppen, die nicht selten wie ein Labyrinth wirken, umgeben die eng aneinander gebauten Häuser. Die Anlage der Orte diente auch dem Schutz vor den in der Vergangenheit häufigen Überfällen.

Die Gassen führen zum höchsten Punkt des Dorfes, wo häufig eine Kirche steht. Die zahlreichen Kirchen und Kapellen stammen meist aus der byzantinischen Epoche. Über machen Ortschaften erhebt sich auch ein venezianisches Kastell, andere – wie etwa Naoussa auf Naxos – verfügen über eine venezianische Hafenanlage.

Kleine weiße, kubische Häuserwürfel schmiegen sich an den Berghang von Hora (Ios)

Eine gewisse touristische Entwicklung setzt inzwischen auch im Süden der Insel bei **Agios Georgios** ein.

C3

Tropfsteinhöhle
Im Sommer 10.30–16 Uhr
Eintritt € 3,50, Führungen
Sehenswerte Stalaktiten und Stalagmiten mit historischen Inschriften z. B. aus der Zeit Alexanders des Großen.

Maki's
Am Hafen, Antiparos
Beliebte Taverne mit ausgezeichnetem Fisch und Meeresfrüchten. €–€€

Thea
8 km südlich von Parikia, Pounda Beach
In der Nähe des Fähranlegers liegt dieses trendige Restaurant. Clou ist die Weinbar mit einem gläsernen Fußboden, unter dem die Weinflaschen lagern. €€–€€€

Paros Kite Pro Centre
8 km südlich von Parikia, Pounda Beach
© 22 84 09 22 29
www.paroskite-procenter.com
Auch Kurse und Materialausleihe
Nur 300 m von der Anlegestelle der Fähre entfernt befindet sich der beste Kitesurfspot der Insel, wo schon Weltcups stattgefunden haben.

Eurodivers Club
In der Nähe des Kite Pro Centre, Pounda Beach
Tauchschule

C/D4

Naxos

Naxos (18 000 Einwohner) ist die größte Insel der Kykladen und war einst eines der bedeutendsten Zentren der kykladischen Kultur. Im 6. und 7. Jahrhundert v. Chr. und von 1200 bis Mitte des 16. Jahrhunderts war es zudem Macht- und Handelszentrum der Kykladen.

Naxos wurde zuerst von den Thraziern und den Pelasgern besiedelt. Später kamen die Karer, angeführt von einem Sohn Apollos namens Naxos. Venezianer mit Marco Sanudo als Anführer eroberten 1207 die Insel und beherrschten sie über drei Jahrhunderte lang. Mit der türkischen Machtübernahme Mitte des 16. Jahrhunderts verlor Naxos dauerhaft an Bedeutung. 1829 wurde die Insel in den neuen griechischen Staat integriert. Erst Anfang der 1970er Jahre begann aufgrund des Fremdenverkehrs eine neue Wachstumsperiode.

In der Mythologie gilt Naxos als die Insel des Weingottes Dionysos, der sich hier mit Ariadne vermählte, die von Theseus, nachdem er auf Kreta den Minotaurus getötet

Blick vom Hafen auf den Burgberg von Naxos-Stadt

hatte, auf der gemeinsamen Flucht nach Athen auf dem Eiland zurückgelassen worden war.

Obwohl Naxos sehr zentral inmitten der Inselgruppe in der Ägäis liegt und mit verschiedenen Fähren gut zu erreichen ist, hat die Insel im Vergleich zur Nachbarinsel Paros oder auch zu Mykonos und Ios eine andere Entwicklung genommen: Auch wenn Nachtleben nicht unbekannt ist, ist Naxos keine typische Partyinsel. Es ist ursprünglicher geblieben und gilt noch immer als guter Tipp für alle, die es im Urlaub möglichst landestypisch mögen. Dabei bietet die Insel auch viel Abwechslung. Bekannt ist das Eiland für seine zahlreichen Kapellen, Kirchen und Klöster – über 500 soll es insgesamt geben, einige stammen aus dem 9. Jahrhundert oder sind sogar noch älter.

Bedingt durch die Größe lassen sich vielfältige Tagesausflüge ins Inselinnere oder zu abseits gelegenen, zum Teil noch relativ einsamen Buchten unternehmen. Naxos ist unter den Kykladen in Sachen Strandlänge der Spitzenreiter – auf knapp 100 Kilometer feinem Strand können sich die Urlauber in der Sonne aalen. Die Berge steigen bis auf eine Höhe von rund 1000 Metern an. Der 1004 Meter hohe Berg **Zas** ist der höchste Gipfel der Inselgruppe. In den geschützten Tälern und auf an den Hügeln terrassenartig angelegten Feldern wird intensive Landwirtschaft betrieben, wobei hauptsächlich Kartoffeln, Oliven und Wein angebaut werden. Auch malerische Bergdörfer sind im Inselinneren zu finden. Mit Hora oder **Naxos-Stadt** besitzt die Insel einen typischen, reizvollen Hauptort, überragt von einer venezianischen Festung. Der

Tourismus konzentriert sich hauptsächlich an der Westküste rund um die Hauptstadt.

Infos im Internet
www.naxos-greece.net, www.naxosbest.com

Naxos hat ein relativ gutes Straßennetz und **öffentliche Busse** bedienen die gesamte Insel. Fahrpläne erhält man nur an der zentralen Bushaltestelle am Hafen von Naxos-Stadt, Fahrkarten sind direkt im Bus zu kaufen. Die meisten Dörfer werden ein- bis viermal täglich angesteuert. Der größte Taxistand befindet sich ebenfalls am Hafen.

Naxos-Stadt (Hora)

Gb1

Hb/Hc 2

Das mittelalterliche Zentrum der Hauptstadt gruppiert sich mit den typischen Kykladenhäusern und verwinkelten, labyrinthartigen Gassen rund um die gut erhaltene Festung, das **Kastro** mit dem **Sanudo-Palast**. Da Naxos lange Zeit unter venezianischer Herrschaft stand, ist die Architektur der Insel stark von den Venezianern beeinflusst, und viele sehenswerte Gebäude aus dieser Periode – so auch einige interessante Herrenhäuser – sind bis heute als steinerne Zeugen der wechselvollen Inselgeschichte zu bewundern.

Die Burg wurde vom Venezianer Marco Sanudo in Form eines Pentagons erbaut. Von den mächtigen Wehrtürmen, mit denen ursprünglich jede der Ecken ausgestattet war, steht heute nur noch einer. Sanudo hatte die Kykladen 1207 eroberte und Naxos zum Regierungssitz seines Herzogtums »Archipelagos« gemacht. Die Festung diente ihm, der sich auch »Herzog der Ägäis« nannte, als Residenz und beherbergte zugleich verschiedene Institutionen und Verwaltungen.

Hc2

Hb2

Hc2

Bis heute hat sich das Burgviertel, wo sich in einer ehemaligen Jesuiten-Schule auch das **Archäologische Museum** befindet, seinen mittelalterlichen Charme bewahrt. So auch am **Domus della Rocca-Barozzi**, einem festungsartigen, venezianischen Familiensitz aus dem 13. Jahrhundert am Nordtor des Kastro-Viertels, in dem ein venezianisches Museum untergebracht ist. Im Sommer finden hier Freiluftkonzerte statt. Am höchsten Punkt der Festung steht die Kathedrale **Ypapanti** aus dem 13. Jahrhundert.

Hb2

Hb/Hc2

Ha1

Vom Kastro zieht sich der Ort hinunter zum Meer und zum Hafen mit seinem regen Fährverkehr. Auf dem Weg gibt es zahlreiche Tavernen und kleinere Geschäfte in den Gassen des **Bourgos-Viertels**. Ansonsten spielt sich das Leben hauptsächlich an der hübschen Hafenpromenade mit ihren zahlreichen Restaurants und Cafés ab. Hier kommt besonders am Abend richtige Kykladen-Atmosphäre auf.

Die Promenade, **Paralia**, ist durch einen kurzen Damm mit der kleinen Insel **Palatia**, die vor dem Hafenbecken liegt, verbunden. Dort steht das Wahrzeichen von Naxos,

Die Portara, das mächtige Tempeltor eines nie erbauten Apollotempels, ist das Wahrzeichen von Naxos

die **Portara**, ein mächtiges, knapp sechs Meter hohes Tempeltor, Teil eines nie fertiggestellten antiken Apollo-Tempels, mit dessen Bau um 530 v. Chr. begonnen wurde. Ha1

Neben der Hafengegend und der Altstadt gibt es auch noch einen neueren Ortsteil, in dem sich die Bischofskathedrale **Mitropolis Zoodochos Pigi** und das **Mitropolis-Museum** befinden. Im Süden dehnt sich Naxos-Stadt inzwischen bis an die Strände von **Agios Georgios** aus. Hinter Agios Georgios erstreckt sich eine Kette fast endloser Sandstrände gen Süden die Küste entlang. Hb2/3 Gb2

Ebenfalls südlich der Hauptstadt, aber im Landesinneren bei Iria, liegt das **Dionysos-Heiligtum** (Di–So 8.30–15 Uhr). Dem Gott des Weines wurde hier bereits seit dem 8. Jahrhundert v. Chr. gehuldigt. Die Ausgrabungsstätte liegt landschaftlich schön, und im Rahmen der aufwendigen Restaurierung sind auch einige Säulen wieder aufgestellt worden. Insgesamt sind vier verschiedene Tempel erkennbar. Ausführliche Informationstafeln erleichtern die Vorstellung. Gc1

Archäologisches Museum Hc2
Kastro, 84300 Naxos-Stadt
Di–So 8.30–15 Uhr; Eintritt € 3

Domus della Rocca-Barozzi Hb2
Kastro, Naxos-Stadt
Im Sommer tägl. 10–15 und 19–22 Uhr
Führungen € 5/3
Bürgerhaus mit Venezianischem Museum, auch wechselnde Ausstellungen. Mai–Sept. regelmäßige kulturelle Veranstaltungen. Es werden auch Führungen durch das Viertel veranstaltet.

Mitropolis-Museum Hb2
Neustadt, Naxos-Stadt

Di–So 8.30–15 Uhr, Eintritt frei
In dem teilweise verglasten Bau werden die Fundstücke einer mykenischen Siedlung aus dem 13.–10. Jh. v. Chr. gezeigt.

Meze Meze
Paralia, 84300 Naxos-Stadt
Neben den Kleinigkeiten, *Mezes*, gibt es auch traditionelle griechische Küche und Seafood. €

Hb2

Café Picasso
Komiakis, Naxos Stadt
✆ 22 85 02 54 08
Angenehmes mexikanisches Restaurant am Hauptplatz. Fajitas, Enchiladas und Burritos als Abwechslung zur griechischen Küche, Margeritas statt Ouzo. €€

Hb2

East West Asian Restaurant
Nähe Court Square, Naxos-Stadt
Noch mehr Abwechslung bei schmackhafter thailändischer, chinesischer und indischer Kost. €€

Hb2

Soulatso Café
Am Hauptplatz, Naxos-Stadt
Treffpunkt im Zentrum. Am Vormittag zum Frühstück genau so beliebt wie nachts zum Absacker.

Strände in der Nähe von Naxos-Stadt

Gb1

Agios Georgios ist der am nächsten zu Naxos-Stadt gelegene Sandstrand und einer der bekanntesten und meistbesuchten der Insel. Wegen der guten Windverhältnisse ist er auch unter Windsurfern äußerst beliebt. Am kilometerlangen Strand werden Liegen und Sonnenschirme vermietet und zahlreiche Wassersportmöglichkeiten angeboten. Es gibt mehrere Windsurfschulen, wo auch das passende Equipment ausgeliehen werden kann. Auch an Cafés und Tavernen herrscht kein Mangel.

Gc1

Der goldene Sandstrand **Agios Prokopios** erstreckt sich über eine Länge von anderthalb Kilometern. Er liegt etwa fünf Kilometer von Naxos-Stadt entfernt, es gibt jedoch auch Restaurants und Pensionen direkt nebenan. Der Strand ist windgeschützt, besitzt kristallklares Wasser und einige Sanddünen; ein Teil ist noch naturbelassen, an anderen Abschnitten findet sich das komplette touristische Angebot.

Gc1

An Agios Prokopios schließt sich der kilometerlange feinsandige Strand **Agia Anna** an. Er wird von einem kleinen Hafen und einigen Felsformationen unterbrochen; an einigen Stellen stehen Liegen und Schirme zur Verfügung. Die Versorgung stellen die Einrichtungen des Dorfes Agia Anna sicher.

Gc1

Südlich von Agia Anna folgen weitere Strände wie **Plaka**. Dies ist ein sehr ruhiger und langer Sandstrand mit

Hier kann man die Seele baumeln lassen: Strandcafé auf Naxos

an einigen Stellen großen flachen Steinen und fantastischem Wasser. Am Anfang des Strandes werden Sonnenliegen und -schirme verliehen, der größte Teil ist jedoch naturbelassen und ohne touristische Einrichtungen. Ein paar Hotels, Restaurants und Cafés sind hinter den Sanddünen zu finden. Auf Plaka folgt **Orkos**. Dieser Strand besteht aus einer Reihe von kleinen, ruhigen und hübschen Buchten. Die rötlichen Hügel Richtung Land bilden einen reizvollen Kontrast zum Gold des Strandes und Türkis des Meeres. Orkos ist auch für seine guten Windsurf-Bedingungen bekannt.

Gc1

Noch weiter im Süden liegt der Strand **Mikri Vigla**, der inzwischen auch touristisch erschlossen ist. Eigentlich handelt es sich hier um zwei endlose Strände, die durch einen Hügel getrennt sind. Im Norden treffen sich wegen der optimalen Bedingungen hauptsächlich Surfer. Der südliche Teil des Strandes ist hingegen windgeschützt und für Familien geeignet.

Gd1

Auf Mikri Vigla folgen – nomen est omen – der **Sahara Beach** und die Strände von **Kastraki, Alyko** und **Agiassos.**

Gd/Ge 1/2

Halki

Gc3

Das größte Dorf im Landesinneren liegt auf der Tragea-Hochebene inmitten des Weinbaugebiets und war einst das Verwaltungszentrum der Insel, wovon noch einige imposante neoklassizistische Stadthäuser und Villen zeugen. Auch die erhaltenen venezianischen Wehrtürme und byzantinischen Kirchen sind eindrucksvolle Zeichen der Vergangenheit. Sehenswert ist außerdem der Dorfplatz und das bedeutende Keramikstudio mit Galerie **L'Olivier** (www.fish-olive-creations.com) der deutschen Künstlerin Katharina Bolesch. Ganz in der Nähe stellt die **Valindras**

Typische Fensterläden aus Holz

Distillery die Spezialität der Insel her: Kitron, einen schmackhaften Likör aus Zitronen und Zitrusblättern.

Yiannis Taverne
Am Hauptplatz, Halki
Eine typische Dorftaverne, wo sich alles trifft und den authentischen Gerichten zuspricht. €

Citrus Café
Neben Valindras Distillery, Halki
Traditionelles Café mit viel Atmosphäre, wo man in Ruhe einen Kitron trinken kann.

Gc2 Gc2 Gd2

Ano Sangri

Der kleine Ort liegt etwa drei Kilometer von Halki entfernt und ist bekannt für den Bazeos Tower und das Demeter-Heiligtum. Beide Sehenswürdigkeiten liegen etwas außerhalb des Ortes. Der **Bazeos Tower** ist eine im 17. Jahrhundert erbaute burgähnliche Anlage, die anfangs als Kirche genutzt wurde. In dem im Jahr 2000 restaurierten mächtigen Turm wird alljährlich das Naxos Festival, das wichtigste Kulturfestival der Insel, veranstaltet.

Das **Heiligtum zu Ehren der Fruchtbarkeitsgöttin Demeter** liegt etwa anderthalb Kilometer südlich des Dorfes. Die Ausgrabungen sind nicht besonders umfangreich, doch es wurde ein Tempel aus dem 6. Jahrhundert v. Chr. zum Teil sehr gut rekonstruiert. Angeschlossen ist ein kleines Museum mit einigen interessanten Ausstellungsstücken, die Aufschluss über die antike Stätte geben, darunter auch ein Tempeltor. Das Demeter-Heiligtum liegt landschaftlich reizvoll und ist auch unter diesem Gesichtspunkt einen Besuch wert.

Gc2

Bazeos Tower
84302 Ano Sangri
✆ 22 85 03 14 02
www.bazeostower.gr
Juli/Aug. Naxos Festival unter anderem mit Theater und Konzerten. Auch außerhalb des Festivals finden in den Sommermonaten regelmäßig Veranstaltungen statt.

Gd2

Demeter-Heiligtum
Ano Sangri
Tägl. außer Mo 8.30–15 Uhr

Gc2

Johnny's
Nahe des Bazeos Tower, Ano Sangri
Beliebter Treff nicht nur während des Festivals. Gute Pizzen und griechische Küche. €€

Apiranthos

Gc3

Apiranthos – der Name bedeutet »viele Blumen« – ist ein malerisches Bergdorf rund 32 Kilometer von Naxos-Stadt entfernt. Auf einer Höhe von etwa 650 Metern schmiegt es sich zwischen zwei grüne Täler. Apiranthos gehört zu den charmantesten Dörfern auf Naxos – mit hübschen, marmorverzierten Häusern und einer der ältesten Kirchen der Insel, **Panagia Apeirathitissa**, die wertvolle Ikonen besitzt. Natürlich gibt es einen idyllischen Dorfplatz mit der obligatorischen Taverne. Apiranthos hat zudem drei – allerdings nicht besonders aufregende – Museen: das **Archäologische Museum**, das **Volkskundemuseum** und ein **Geologisches Museum** (alle Di–So 8.30–14 Uhr, Eintritt € 3).

Gc4

Nicht weit von Apiranthos liegt **Moutsouna**, ein malerischer kleiner Hafen, der von Tavernen, Cafés und kleinen Pensionen sowie Apartmenthäusern gesäumt wird. In der Umgebung gibt es einige kleinere Sandstrände, die selbst in der Hochsaison noch nicht überfüllt sind.

Apollonas

Ga3/4

Reizvolles Fischerdorf im Norden der Insel mit einem kleinen Sandstrand, der ein paar nette Fischtavernen und Unterkünfte bietet. In der Nähe des Dorfes an der Hauptstraße kann einer der drei auf der Insel gefundenen **Kouroi** besichtigt werden. Es handelt sich dabei um unvollendete monumentale Statuen von jungen Männern aus dem 6. Jahrhundert v. Chr. Die Figur bei Apollonas ist die größte der drei und sollte ursprünglich wohl zehneinhalb Meter hoch werden. Man vermutet, dass sie den Gott Dionysos darstellen sollte.

Filoti

Gc3

In einem grünen Tal in der Nähe des Berges Zas liegt Filoti, das von vielen Besuchern als das reizvollste Dorf der Insel bezeichnet wird. Wie ein Amphitheater ist es an den Hang gebaut und hat enge blumengeschmückte Gassen sowie einen malerischen Hauptplatz mit einer Schatten spendenden Platane und Tavernen, die wirken, als seien sie einem Bilderbuch entnommen. Oberhalb des abgelegenen Dorfes beginnt an der Kapelle Agia Marina ein markierter Wanderweg, auf dem man in gut zwei Stunden zum **Zas-Gipfel** gelangt.

Gd3

Blumentöpfe sind allgegenwärtig

Tripodes

Das kleine traditionelle Dorf Tripodes besitzt die typischen weiß getünchten Häuser, enge Gassen und einige Ruinen von Windmühlen. Der Ort ist landwirtschaftlich geprägt, unter anderem werden Wein und Kartoffeln angebaut.

In der Nähe des Dorfes kann der **Tempel von Theotokou** mit seinen wertvollen Ikonen besichtigt werden. An der Straße von Tripodes nach Plaka stehen noch die mächtigen Mauern eines alten venezianischen Turmes.

Koufonissi

Koufonissi bildet zusammen mit Iraklia, Donoussa, Schinoussa und einigen kleineren unbewohnten Inseln die Kleinen Kykladen. Die Inselgruppe liegt zwischen Naxos und Amorgos und ist genau das Richtige für alle, die Ruhe suchen. Noch am betriebsamsten und touristischsten ist wohl Koufonissi, das eigentlich aus zwei Eilanden besteht: der bewohnten Hauptinsel **Ano Koufonissi** und dem unbewohnten Kato Koufonissi gegenüber. So klein die Insel ist, so verwirrend ist die Namensvielfalt, denn auch die Bezeichnungen Koufonisia, Koufonisi und Koufonissia sind gebräuchlich.

Genau genommen gibt es auf Koufonissi nur eine Siedlung, die sich vom Hafen, wo die Fischereiflotte der Insel vor Anker liegt, landeinwärts links und rechts der einzigen Hauptstraße einen Hügel hinaufzieht. Der Hafen ist umgeben von einem breiten, weißen Sandstrand. In der Nähe soll eine neue Yacht-Marina entstehen, denn die Insel ist sehr beliebt bei Seglern. Sehenswürdigkeiten im eigentlichen Sinne sind nicht vorhanden; die Besucher konzentrieren sich auf Strand und Meer.

Restaurierte Windmühle an der Südwestküste der kleinen Insel Koufonissi

Wenn der Meltemi heftig weht, bleiben auch auf Koufonissi die Boote im Hafen

Der Meltemi

Der Meltemi weht in der Ägäis während der Sommermonate. Der Schönwetterwind kommt aus nördlichen Richtungen und wirkt bei der Sommerhitze angenehm kühlend. Ursache für seine Entstehung ist der Luftausgleich zwischen großen Tiefdrucksystemen, die über Südwestasien lagern und bis Kleinasien reichen, sowie dem im Sommer bis ins Mittelmeer vorstoßenden Azorenhoch. Der Wind besteht aus kontinentaler Luft aus Südrussland. Besonders stürmisch weht er, wenn sich über dem Balkan ein Hochdruckgebiet bildet und über dem anatolischen Hochland ein Hitzetief liegt.

Der Meltemi bringt in der Regel schönes Wetter und klare Sicht mit sich. Alljährlich setzen Ende Mai, Anfang Juni leichte Nordwinde ein; den sogenannten Prodroms folgen ein bis zwei Wochen später die Sommerwinde. Am stärksten ist der Meltemi im Juli und August. Er weht meist vom Vormittag bis zum Sonnenuntergang, manchmal allerdings auch die Nacht hindurch. Er bläst durchschnittlich mit vier bis fünf Beaufort, kann aber auch über längere Zeit acht und mehr Windstärken erreichen. In den Meerengen zwischen den Inseln verstärkt er sich zuweilen noch; dann kann die Fahrt mit den Fähren ein wenig unruhig werden. Es kommt sogar vor, dass die Schiffe in den Häfen bleiben; vor allem die schnellen Katamarane sind wind- und wellenanfällig.

Einige Kilometer ostwärts des Hafens erstrecken sich die herrlichen Strände von **Finikas**, **Harakopou** und **Fano**. Traumhaft ist auch die Bucht von **Pori**, die entweder über eine Straße vom Hauptort aus oder – wie die anderen beiden Strände auch – über einen Fußweg am Meer entlang zu erreichen ist. An einigen Stellen bietet Koufonissi schon fast karibisch anmutende Szenerien.

Zudem gibt es ein paar Hotels und Pensionen, einige gute Restaurants, meistens auf Fischgerichte spezialisiert, und sogar ein bescheidenes Nachtleben in netten Bars und Cafés.

Kleine Boote setzen in der Saison, falls der Meltemi nicht zu stark bläst, Besucher nach **Kato Koufonissi** über –

Weibliches Idol von der Insel Keros

die Meerenge ist nur 200 Meter breit. Sehr schön sind die einsamen Buchten, die zum Baden einladen. Im Sommer gibt es dort auch eine Inseltaverne.

Auf der vorgelagerten felsigen Insel **Keros** wurden bei Ausgrabungen über 100 Figuren aus der Epoche der frühen Kykladenkultur gefunden, die heute in Athen im Nationalmuseum ausgestellt sind.

Capetan Nikolas
84300 Koufonissi
Typisches, familienfreundliches Restaurant mit guten Seafood-Gerichten und Blick über den Hafen. €

Lefteris
Koufonissi
Beliebtes Restaurant mit einer großen Terrasse und Blick über den Stadtstrand. Griechische Küche in ordentlicher Qualität und die üblichen Grillgerichte. €–€€

Sorokos
Koufonissi
Gern besuchte Café-Bar hinter dem Stadtstrand, in der meist spät nachts etwas los ist.

Fischerfest
Jedes Jahr am 24. Juni wird das Fest der Fischer gefeiert. Besucher werden von den einheimischen Fischern mit einer selbst gemachten Fischsuppe bewirtet.

Ruhig und beschaulich: die Insel Amorgos

Amorgos

D5

Die lang gestreckte und gebirgige Insel Amorgos liegt ganz im Osten der Kykladen, höchster Berg ist mit 822 Metern der Krikelo. Sie besitzt einige schöne Strände, ist jedoch keine typische Strandinsel. Vor allem zeichnet sie sich aus durch eine raue Felsküste mit lauschigen Kiesbuchten, eine reizvolle Landschaft, die zum Wandern einlädt, über 40 byzantinische Kirchen und zudem einen malerischen Hauptort – **Hora**.

Mit dem an einer Steilwand über dem Meer gelegenen Kloster **Hozoviotissa** weist Amorgos eine der bekanntesten Sehenswürdigkeiten der Inselgruppe auf, wegen der auch die meisten Touristen kommen. Einige Szenen des berühmten Films »Im Rausch der Tiefe – The Big Blue« (1988) des fran-

Ein Pope auf seinem Weg durch die beeindruckende Kargheit von Amorgos

Hozoviot.

Bc3

zösischen Filmemachers Luc Besson wurden auf dieser Insel gedreht.

Amorgos war bereits im 4. Jahrtausend v. Chr. besiedelt, wie Ausgrabungen Mitte der 1980er Jahre gezeigt haben. Zu ihrer Blütezeit zwischen dem 7. und 4. Jahrhundert v. Chr. gab es drei für den Handel und die Schifffahrt in der Ägäis nicht unbedeutende Städte, die sich später der Herrschaft Athens anschlossen.

Im 2. Jahrhundert n. Chr. geriet Amorgos unter die Kontrolle Roms, und mit dem Niedergang des Römischen Reiches verloren die Städte auf der Insel endgültig ihre Bedeutung. Sie wurden zerstört und dem Verfall preisgegeben. Wie der Rest Griechenlands gehörte auch Amorgos lange Zeit zum türkischen Machtbereich und der byzantinische Einfluss ist vielerorts – beispielsweise bei den Kirchen – unübersehbar. Nach der Befreiung von der türkischen Herrschaft bildete die Insel 1835 die östliche Grenze des neu gegründeten griechischen Staates.

Infos im Internet
www.amorgos.net

Drei **Busse** fahren in der Sommersaison mehrmals täglich auf verschiedenen Strecken: Katapola-Hora-Kloster, Katapola-Hora-Kato Meria. Busse fahren auch im Gebiet von Aegiali.

Katapola

Bc3

Alle größeren Fähren legen im Südwesten in Katapola an. Der typische Hafenort liegt an einer geschützten, lang gestreckten Bucht im grünen Teil der Insel. Einen zweiten Hafen gibt es in Aegiali.

Katapola präsentiert sich dem Reisenden mit alten Windmühlen, blauweißen Häusern und engen Gassen, die zur venezianischen Festung führen. Natürlich finden sich auch hier die obligatorischen Tavernen am Hafen und an der Promenade.

Bc3

Oberhalb des Ortes liegt die antike Stadt **Minoa** aus der Zeit der kretischen Herrschaft, von der jedoch kaum noch Überreste zu sehen sind. Dafür bietet sich von hier oben eine sehr schöne Aussicht. Auch ein mykenischer Friedhof befindet sich oberhalb des Ortes.

Bc2

Nicht weit vom Hafen erreicht man den Sandstrand **Maltezi**.

Bc3

Mouragio
84008 Katapola
Unweit vom Fähranleger am Wasser gelegen, ist das Mouragio schon ein Klassiker. Beliebt sind vor allem Meeresfrüchte aller Art, Fisch und die bekannte Fischsuppe. €–€€

Bc3

Hora (Amorgos)

Hora oder auch Amorgos ist die mittelalterliche Hauptstadt der Insel und erhebt sich auf einem Hügel 400 Meter oberhalb des Meeres. Es ist ein zauberhaftes Dorf, das ein wenig hinter den Bergen versteckt liegt und von einer venezianischen Festung, dem **Kastro**, dominiert wird.

Der Ort ist von seinen Windmühlen und einigen sehr schönen byzantinischen und frühchristlichen Kirchen geprägt. Typisch für die Inselhauptstadt sind die weißen Häuser und die steingepflasterten, engen, labyrinthartig verlaufenden Gassen, in denen eine besondere Atmosphäre herrscht. Sehr angenehm sitzt es sich auf dem Hauptplatz, der **Plateia Loza**, in einem der kleinen Cafés im Schatten des großen Eukalyptusbaumes.

In Hora befindet sich die Post der Insel, ein OTE-Gebäude (Telefongesellschaft), die Polizei und ein Gesundheitszentrum.

Archäologisches Museum
84008 Hora
✆ 22 85 07 18 31
Die archäologische Sammlung von Amorgos befindet sich in einem aus dem 16. Jh. stammenden venezianischen Gebäude an einer der Hauptgassen im Zentrum. Es ist eines der wenigen erhaltenen Häuser der Oberschicht und gehörte einst der Kaufmannsfamilie Gavras. Die Sammlung besteht aus einer Vielzahl von Objekten aus der Bronzezeit und dem Ende der antiken Zeit. Im Erdgeschoss, wo man die private Sammlung des Gelehrten Ionnides besichtigen kann, sind auch prähistorische Funde ausgestellt. Im ersten Stockwerk sind Skulpturen, Grabreliefs und Kunstarbeiten zu sehen, die aus der historischen Periode stammen.

Liotrivi
Hora

✆ 22 85 07 17 00

Diese typische Taverne liegt in einer engen Seitenstraße im Zentrum von Hora und bietet einen tollen Blick auf das Meer, die Windmühlen und die Berge. Schmackhafte typische Gerichte wie *Exochiko*, eine Art im Ofen gebackener Auflauf mit Lamm, Tomaten und anderem Gemüse, sind die Spezialität des Hauses. €–€€

Café Zygos
Hora

An der Hauptstraße gelegenes nettes Café mit Dachterrasse. Beliebt vom ordentlichen Frühstück morgens über Salate und Sandwiches tagsüber bis zum letzten Absacker.

Kloster Hozoviotissa

Bc3

Etwa 2 km von Hora entfernt

Bus ab Hora bis zur Nähe des Klostereingangs, anschließend einige Treppen

Tägl. 8–13 und 15–17 Uhr

Eintritt frei, eine kleine Spende wird erwartet

Kostenlose Führungen bei genügend Interessenten

Die Ursprünge der bekanntesten Sehenswürdigkeit auf Amorgos mit ihren leuchtend weißen Mauern, hinter denen bis heute noch einige Mönche wohnen, reichen bis ca. 800 n. Chr. zurück. Das Kloster wurde in 300 Meter Höhe auf ein Kliff direkt an die aus dem Meer aufragende Steilküste gebaut und überblickt so die Nordostküste der Insel.

In spektakulärer Lage: das leuchtend weiße Felsenkloster Hozoviotissa (Amorgos)

Es gibt einige reizvolle Aussichtspunkte. Der besondere Charme dieses Ortes liegt in dem Kontrast aus türkisblauem Meer, schroffen Felsen und den weißen Klostermauern, die wie ein Adlerhorst an der Wand kleben.

In der Kirche befindet sich eine berühmte Ikone, die dem Kloster seinen Namen gab. Eigens zu ihrer Aufbewahrung wurde das Kloster einst errichtet. Die Ikone der Jungfrau Maria stammt nach einer Legende aus dem palästinensischen Kloster Chosiva, andere Stimmen sehen ihren Ursprung auch auf Zypern oder in Jerusalem.

Jeden Ostersonntag wird sie in einer feierlichen Prozession bis nach Hora getragen und erst am nächsten Tag wieder zurück ins Kloster gebracht, wo ein großes *panigiri* (religiöses Fest) veranstaltet wird. Die Mönche, die dort leben, versorgen die Besucher mit griechischen Süßigkeiten und *rakomelo* (griechischer, starker Alkohol mit Honig).

Im Kloster befindet sich auch die alte Schule, die zu Beginn des Freien Griechischen Staates gegründet wurde.

Bc3

Aghia Anna

Nach einem Spaziergang von rund 40 Minuten erreicht man vom Kloster Hozoviotissa aus den schönen Kiesstrand Agia Anna. An diesem bekannten Strand mit kristallklarem, dunkelblauen Wasser wurden die Szenen des Films »The Big Blue« gedreht.

Ba/Bb 4/5

Ormos Lagada Tholaria Ba5

Potamos Bb4/5

Aegiali

Aegiali im Nordwesten war einst die dritte antike Stadt der Insel. Heute besteht sie aus vier Teilen: aus **Ormos** oder auch Aegiali, dem zweiten Hafen auf Amorgos, und aus den drei reizvollen traditionellen Dörfern **Lagada, Tholaria** und **Potamos**. Diese kleinen Ortschaften sind über eine Straße oder ab Aegiali auf einem angenehmen Wanderweg in rund 45 Minuten zu erreichen. Auf dem Hügel gegenüber von Tholaria liegen die Überreste einer antiken Akropolis.

Die drei Dörfer sind noch nicht besonders überlaufen, doch ansonsten ist Aegiali das touristischste Zentrum auf Amorgos und bietet zahlreiche Tavernen, Zimmer, Campingmöglichkeiten sowie Geschäfte und Cafés.

Ba4

Nahe der Stadt erstrecken sich einige lange Sandstrände. Der schönste in dieser Inselregion ist der **Levrossos-Strand**, an dem auch FKK möglich ist. Wer hier baden möchte, läuft vom Dorf etwa 20 Minuten zu Fuß oder nimmt eines der vielen Boote, die von Aegiali aus zu den Hauptstränden der Umgebung schippern.

Bb4/5

Kamara
84008 Potamos Aegiali, ✆ 22 85 07 33 58

Café, Bar und Restaurant im oberen Teil von Potamos. Empfehlenswert: gute Küche und angenehme Atmosphäre. Es werden auch Zimmer vermietet. €€

Nikouria

Nikouria ist eine unbewohnte kleine Insel vor der Küste von Aegiali, die in der Saison regelmäßig vom Hafen aus angesteuert wird. Während des Altertums gab es hier eine Münzpräge, später wurde auf dem Eiland eine Lepra-Station eingerichtet. Heute können Ausflügler die schönen Sandstrände und das kristallklare Wasser genießen.

Arkesini

Arkesini ist ein reizvolles Dorf im Süden der Insel. Es gefällt mit seinen traditionellen Kykladenhäusern, den engen, gepflasterten Gassen und den vielen Olivenhainen in der Umgebung.

Ios

Ios, zwischen Naxos und Santorin gelegen, gilt als die »Partyinsel der Kykladen« und gehört mit Mykonos und Paros zu den lebhaftesten Inseln. Cafés, Bars, Diskos und Clubs locken in den Sommermonaten vor allem jüngere und jung gebliebene Menschen aus aller Welt auf das auch landschaftlich sehr reizvolle Eiland. Doch die Insel, auf der der Dichter Homer begraben sein soll, hat auch eine ruhigere Seite. Abseits der hektischen Feierszene geht das nor-

Auch auf Ios gibt es wie auf allen Kykladeninseln eine unglaubliche Anzahl an Kirchen und Klöstern

male griechische Leben weiter seinen gemächlichen Gang und auch Familien und ältere Reisende kommen auf Ios durchaus auf ihre Kosten. Es gibt wunderschöne Strände, die keineswegs überlaufen sind.

Ab1 Ac1/2

Größtenteils konzentriert sich der Tourismus auf eine kleine Ecke an der Westküste mit dem Hafen **Gialos** oder Ormos, dem einzigen echten Ort **Hora** und dem beliebtesten Strand **Mylopotas**, auch Mylopotamos genannt. Das Nachtleben spielt sich hauptsächlich in Hora ab, auch am Hafen ist noch etwas Betrieb, der Rest von Ios jedoch ist wesentlich ruhiger. Generell ist auf der Insel, die schon Ende der 1970er Jahre eines der beliebtesten Ziele der Rucksack-Traveller war, im Juli und August am meisten los.

Zu entdecken gibt es einiges auf Ios: eine beeindruckende Hauptstadt, eine interessante, karge Felsenlandschaft und archäologische Sehenswürdigkeiten.

Infos im Intenet
Ios-Fans informieren sich auf http://iosnews.blogspot.com
Eine offizielle Touristeninformation gibt es nicht, nur einige private Reisebüros, die Zimmer vermitteln, Fährtickets verkaufen etc.

Busse verkehren während der Saison alle 15 Minuten zwischen Ormos, Hora und Mylopotas und etwa jede Stunde zwischen Ormos und Koubara. Es gibt auch einige Taxen.

Bade-Kaikis fahren im Sommer zu verschiedenen Stränden.

D3

Von Ios aus sind die beiden benachbarten Inseln **Sikinos** und **Folegandros** mit der Fähre sehr gut zu erreichen. Beide sind landschaftlich reizvoll, aber dennoch eher untouristisch, was wahrscheinlich an den weniger zahlreichen und nicht so erschlossenen Stränden liegt. Eine besondere Sehenswürdigkeit auf Folegandros ist die auf einem Felsplateau am Meer gelegene Kirche **Panagia**.

Hora

Ab1

Hora, üblich ist auch die Schreibweise »Chora«, liegt etwa 20 Fußminuten oberhalb des Hafens Ormos oder Gialos auf einem Hügel. Die Architektur des Hauptortes mit den kleinen, weißen Häusern mit blauen Fenstern und Türen, den kubischen Formen und den engen gepflasterten Gassen, Treppen, Arkaden, Galerien, Bögen und kleinen Kapellen ist typisch für die Kykladen – ein echtes Bilderbuchdorf, wenn auch inzwischen vollgepackt mit Bars, Cafés und Clubs. Besonders tagsüber, wenn letztere geschlossen sind und die Nachtschwärmer noch schlafen oder am Strand liegen, entfaltet der Ort einen ganz besonderen Reiz. Abends tobt dann rund um den Hauptplatz das Le-

Die Ägäis zu Füßen: die kleine Kirche Panagia Gremiotissa oberhalb von Hora (Ios)

hen. Einige der Bars und Clubs existieren bereits seit Ende der 1970er Jahre und aufgrund des eher jungen Publikums sind die Preise etwas niedriger als etwa auf Mykonos oder Santorin. Musikalisch kommt hier jeder auf seine Kosten, von Punk bis Trance wird alles gespielt.

Horas Wahrzeichen sind die **Windmühlen** oberhalb des Ortes und die imposante **Kathedrale**. Hübsch ist auch die Kirche **Panagia Gremiotissa**, die auf dem höchsten Punkt des Dorfes errichtet wurde. Wer sich für die Kultur der Kykladen interessiert, kann das **Archäologische Museum** besuchen.

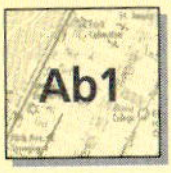

Archäologisches Museum
84001 Hora
Di–So 8–14 Uhr, Eintritt frei
Das archäologische Museum von Ios befindet sich in dem wunderschönen neoklassizistischen Verwaltungsgebäude in der Ortsmitte. Ausgestellt sind archäologische Funde der Insel wie Keramiken, römische Objekte, prähistorische Werkzeuge, Skulpturen u. Ä.

Vorratsbehälter im ägäischen Kulturraum: der Pithos

Nightlife an der Platia und in der Hauptstraße
Das Epizentrum des Nightlife ist die Platia (Hauptplatz). Hier und in der Hauptstraße befinden sich die meisten Bars und Clubs wie die **Disco 69, Ios Blue, Joanis Electric, Slammer Bar** (für sieben Tequila Slammer gibt es ein T-Shirt gratis) oder **Fusion**.

Ios Club
Hora
Die älteste Bar der Insel hat eine schöne Terrasse mit grandioser Aussicht und Blick auf den Sonnenuntergang, zu dem klassische Musik gespielt wird.

Kandi
An der Hauptstraße bei der Bushaltestelle, Hora

Ab1

Erst 2007 eröffnet, ist das **Kandi** bereits eine angesagte Location. Einer der wenigen Clubs, wo man auch draußen sitzen kann. Internationale DJs spielen die neueste Dance-Music.

Auf die Schnelle
Viele Nachtschwärmer befriedigen ihren Hunger an den zahlreichen Imbiss-Ständen. Hier gibt es verschiedene Sorten Gyros-Pita und kleine Souvlaki »auf die Hand«.

Lord Byron
Dorfzentrum, Hora
Auch nach dem Umzug in neue Räume ist die *Mezedopolio* ein Klassiker geblieben. Gute griechisch-mediterrane Küche, eine nette Bar und schöne Außenplätze lohnen den Besuch. €€

Pomodoro
Oberhalb der Disko 69, Hora
Angesagte Pizzeria über zwei Etagen mit guten Steinofenpizzen und schöner Dachterrasse mit herrlichem Blick über den Ort. €–€€

Ac1/2

Mylopotas

Der Hauptstrand von Ios liegt gut zwei Kilometer unterhalb von Hora – es gibt eine Abkürzung über einen Maultierpfad durchs Gelände. Einst krabbelten in der Bucht die Backpacker nach durchfeierter Nacht in ihre Schlafsäcke, heute stehen in dem sanft zum Meer auslaufenden, grünen Tal zahlreiche Hotels, Pensionen und Tavernen – gefeiert wird noch immer. An dem über einen Kilometer langen, breiten, feinsandigen **Strand** sind alle erdenklichen Arten an Wassersport möglich, normalerweise gibt es während der Hochsaison auch ein Tauchcenter am Strand. Natürlich fehlt es ebenso wenig an Liegen und Sonnenschirmen.

Drakos
84001 Mylopotas
Bodenständige Taverne am südlichen Strandende, bekannt für ordentliche Fischgerichte und nette Atmosphäre. €–€€

Bamboo
Mylopotas
Hier kommen Freunde der griechischen Küche ebenso auf ihre Kosten wie Pizza-Fans. €–€€

Mylopotas Water Sports Center
Mylopotas
✆ 22 86 09 16 22
www.ios-sports.gr
Das Wassersportzentrum am Strand bietet ein breites An-

gebot von Mietkanus über Tretboote bis zu Wasserski und Windsurfing.

Meltemi Water Sport
Am Far Out Camping, Mylopatos
✆ 22 86 09 16 80
www.meltemiwatersports.com
Neben dem üblichen Angebot werden auch Segelboote stunden- und tageweise vermietet.

Vom Mylopotas Beach fahren **Wassertaxis** zu anderen Stränden, denn Mylopotas ist längst nicht die einzige beliebte Bucht der Insel, wenn auch die, die am einfachsten zu erreichen ist.

Bug eines Kaiki, dem verbreitetsten traditionellen Bootstyp der Kykladen

Gialos (Ormos)

Ab1

In Gialos legen die Fähren von Piräus und den anderen Inseln an, dementsprechend lebhaft geht es besonders nach der Ankunft der Schiffe zu. Der **Fähranleger** befindet sich direkt gegenüber dem Hauptplatz **Plateia Emirou**. Hier fahren die Busse ab und von hier führt ein Treppenweg hinauf nach Hora.

Am Hafen gibt es die üblichen Cafés und Tavernen. Westlich des Hafens erstreckt sich der **Gialos Beach**, nordwestlich schließt sich einen Kilometer weiter der **Koumbara Beach** an.

Ab1

To Corali
Direkt am Strand gelegenes Restaurant, das zum gleichnamigen Hotel gehört. Besonders beliebt sind die Pizzen. €–€€

Manganari

Ad3

An der schmalen Südküste der Insel liegt in einer wunderbaren Bucht der weiße, feinsandige und sehr beliebte **Manganari Beach**. Man erreicht ihn am besten mit den Badebooten ab Gialos oder Mylopotas oder mit Zubringerbussen.

Meltemi Water Sport
Ableger der Wassersportschule vom Mylopotas Beach mit allen Möglichkeiten, sich auf dem Wasser die Zeit zu vertreiben.

Herzmuschel

Ost- und Nordküste

An der Ostküste liegen die schönen Strände von **Agia Theodoti**, **Psathi** und, weiter südlich, **Plakes** und **Kalamos**. In der Nähe von Agia Theodoti befindet sich die Ruine eines römischen Aquädukts

Ab2

und bei **Paleokastro**, dem ehemaligen Hauptort der Insel, sind die Überreste einer venezianischen Festung zu sehen. Psathi ist als gutes Windsurfrevier bekannt, außerdem befinden sich hier die Ruinen eines antiken Tempels. An allen Stränden sind Restaurants und Übernachtungsmöglichkeiten vorhanden, doch es geht insgesamt ruhiger als an der Westküste zu.

Aa1

Der bekannteste Strand an der Nordküste ist **Plakatos**. Auch hier ist alles eher gemächlich.

In der Nähe, am Nordhang des Berges Erimitis, steht ein grabähnliches **Denkmal**, das an den antiken Dichter Homer erinnert. Der etwas beschwerliche Weg ist vom Weg nach Plakatos aus beschildert. Homers Mutter stammte angeblich von Ios, andere Quellen gehen davon aus, er selbst sei auch hier geboren. Dass sich sein Grab tatsächlich hier befindet, ist nicht sehr wahrscheinlich, dennoch ist der Ort ein beliebtes Ausflugsziel.

D2

Milos

Milos liegt ganz im Südwesten der Kykladen. Weltberühmt geworden ist die Insel vor allem durch ein Kunstwerk, die sogenannte **Venus von Milos**, eine Statue aus dem 1. Jahrhundert – eine Kopie ist im Archäologischen Museum von **Plaka** zu besichtigen. Plaka ist die heutige Hauptstadt der Insel.

Das Eiland ist vulkanischen Ursprungs, woran noch die Form der riesigen Hafenbucht erinnert, einst der Krater des Vulkans. An der Bucht liegen der moderne Hafen **Adamas** sowie das Dorf **Klima**, früher der Hafen und heute der malerischste Fischerort der Insel.

Kleine bunte »Syrmata« genannte »Bootsgaragen« säumen die Küste von Klima auf Milos

Venus von Milos

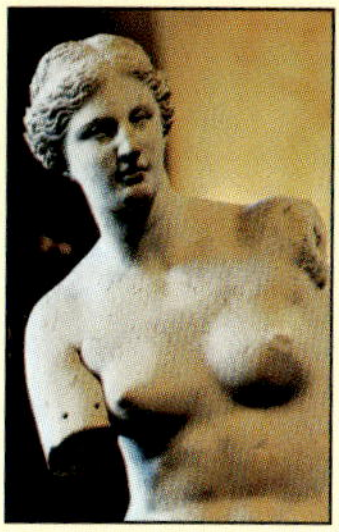

Heute im Pariser Louvre: die »Venus von Milos«

Der Name der Insel Milos – die wie Kea, Kithnos, Serifos, Sifnos und Folegandros zu den West-Kykladen zählt – ist untrennbar mit einem der bekanntesten antiken Kunstwerke verbunden: Hier wurde die »Venus von Milos«, auch »Aphrodite von Milos« genannt, entdeckt. Aphrodite, die griechische Göttin der Liebe und der weiblichen Schönheit, war eine der hochverehrten weiblichen Gottheiten und wurde in der Geschichte immer wieder in unterschiedlichster Form dargestellt. Venus ist der aus der römischen Mythologie bekannte Name.

Die Statue griechischen Ursprungs entstand etwa um 100 v. Chr. Sie symbolisiert trotz der fehlenden Arme – ansonsten ist sie in einem sehr guten Zustand – das Ideal weiblicher Schönheit. Ein bis heute unbekannter Bildhauer erschuf die Venus aus Parischem Marmor. Die sehr detailliert ausgearbeitete Skulptur gilt neben der Laokoon-Gruppe als berühmtestes Beispiel späthellenistischer Kunst in der griechischen Antike.

Entdeckt wurde die 2,04 Meter hohe Venus am 8. April 1820 von einem Bauern namens Giorgos Kentrotas. Er fand sie nahe der Ruine eines antiken Theaters beim Ort Tripiti. Ein französischer Matrose, der spätere Oberst Vaultier, beobachtete den Bauern bei seiner Entdeckung und half ihm bei der Ausgrabung der Statue, die in einer Wandnische stand.

Vaultier meldete den Fund anschließend dem französischen Botschafter in Istanbul. Dieser kaufte dem ahnungslosen Bauern das Kunstwerk für einen geringen Betrag ab und wollte es nach Istanbul bringen lassen. Schließlich schenkte er es aber doch dem französischen König Louis XVIII. Dieser wiederum überließ die wertvolle Aphrodite-Statue im Jahr 1821 dem Louvre, wo sie bis heute ausgestellt ist. Im Archäologischen Museum in Plaka, der Hauptstadt von Milos, ist lediglich eine Kopie zu bewundern.

Milos besitzt auch einige schöne Strände – so etwa rund um Adamas oder im Norden bei **Pollonia**. Sehenswert sind auch die Felsformationen an der Küste, besonders in der Bucht von **Mandrakia** und die bizarre Landschaft mit ihren Bimssteinformationen bei **Sarakiniko**.

Das Inselinnere ist bergig und erreicht mit dem Profitis Ilias eine Höhe von 751 Metern. Schon von alters her werden auf Milos verschiedenste Bodenschätze wie Mangan und Baryt abgebaut.

Die **Busverbindungen** auf Milos sind sehr eingeschränkt.

Adamas

Adamas ist Hafen und touristischer Hauptort zugleich. Hier findet man zahlreiche Unterkünfte und Restaurants, Rummel sucht man allerdings vergeblich. Der Hafen wird von zahlreichen typischen Tavernen gesäumt. Unweit steht die älteste Kirche von Adamas, die im 13. Jahrhundert errichtete **Agia Triada** (Heilige Dreifaltigkeit). Sie beheimatet kostbare Ikonen des kretischen Malers Emanouel Skordilis, die hier Anfang des 19. Jahrhunderts vor den Türken in Sicherheit gebracht wurden. Das Kieselmosaik auf dem Vorplatz schuf der aus Milos stammende Künstler Jagos Kavroudakis 1937. Es zeigt den Kampf zweier Kentauren. Ein weiteres seiner Mosaike findet man vor der Kirche **Agios Charalambos**, die sich am höchsten Punkt der Stadt erhebt.

An der Uferstraße in der Nähe der Busstation informiert ein **Bergwerksmuseum** über die geologische Entwicklung und den Mineralienabbau auf Milos. Westlich und östlich des Hafens erstrecken sich einige weitläufige Strände.

Bergwerksmuseum
Uferstraße, Adamas
✆ 22 87 02 24 81, tägl. 9.15–13.45 und 18.15–20.45 Uhr
Artefakte, Bilder und Fotografien zeigen die Geologie der Insel und die harte Arbeit der Minenarbeiter. Eine Videopräsentation informiert über die Geschichte des Bergbaus auf der Insel.

Aragosta
Hafen, Adamas, ✆ 22 87 02 22 92
Gegenüber der Fähre gelegenes Restaurant in einem hübschen neoklassizistischen Gebäude. Neben der schönen Terrasse lohnt auch die mediterrane Küche einen Besuch. €€

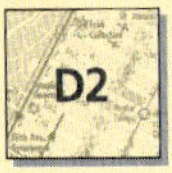

Plaka

Die sich über mehrere Hügel erstreckende Hauptstadt Plaka liegt etwas von der Küste zurückversetzt im Inselinneren. Der Ort gefällt durch seine typisch kykladische Architektur und die entspannte Atmosphäre. Über ihm thront eine festungsartige Siedlung, das venezianische **Kastro**. Einige der Ruinen wurden inzwischen restauriert. Im Ortsteil Tripiti sind die **Katakomben**, frühchristliche Stätten aus dem 2. und 3. Jh., zu besichtigen, die größten, die bisher in Griechenland entdeckt wurden.

Fußläufig zu erreichen sind auch die südwestlich von Plaka gelegenen Ausgrabungen des antiken Milos – **Alt-Milos** – mit einem recht gut erhaltenen römischen Theater.

Kindstaufe in Pollonia auf Milos

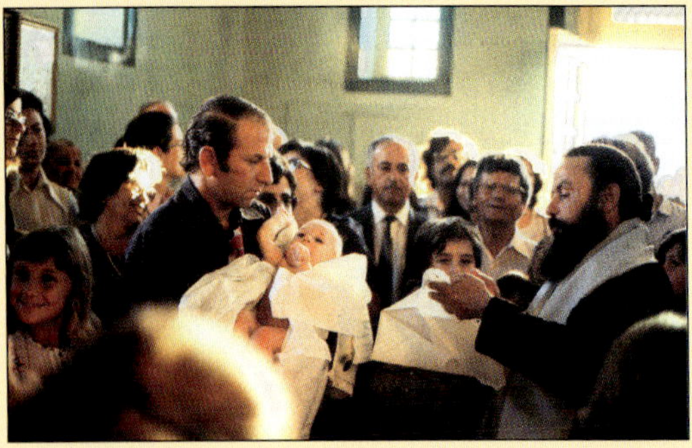

Fundstücke dieser Ausgrabungen sind ebenso wie die Venus-Kopie im **Archäologischen Museum** von Plaka, einer klassizistischen Villa, ausgestellt.

Archäologisches Museum
✆ 22 84 02 12 31
Di–So 8.30–15 Uhr
Mit der Kopie der Venus von Milos.

Blick über den Kraterrand auf die meeresüberflutete Caldera von Santorin

Pollonia

Pollonia ist ein charmantes Fischerdorf und touristisches Zentrum an einer schmalen Bucht im Nordosten gegenüber der Insel Kimolos. An der Küste erstrecken sich schmucke, weiß getünchte Häuser mit zahlreichen Tavernen, Cafés, Pensionen und Apartments. Von einem Hügel überblickt die Kirche Agia Paraskevi den Ort.

Armenaki
Pollonia, ✆ 22 87 04 10 61
Restaurant mit regionaler Küche, lokalen Weinen und vielen Fischgerichten. €–€€

Von Pollonia setzen kleine Boote zu den vorgelagerten Inseln **Kimolos** und **Glaronissia**, den Seemöwen-Inseln, über.

Santorin

E4

Santorin, im Griechischen auch Thira genannt, ist neben dem östlicher gelegenen Anafi die südlichste Kykladeninsel und steht häufig sinnbildlich für die gesamte Inselgruppe. Im Altertum wurde das Eiland auch *Kallisti* – die Allerschönste – genannt. Die sichelförmige Insel liegt auf dem südägäischen Vulkangürtel, der sich vom Peloponnes durch die Ägäis über Milos und Santorin bis nach Nisyros vor der türkischen Küste erstreckt.

Asproni si Cd1
P. Kameni Cc1/2
N. Kameni Cc2

Der Name Santorin bezeichnet eigentlich eine kleine Inselgruppe, die aus der Hauptinsel **Thira** und den weiteren Inseln **Thirassia, Aspronisi, Palea Kameni** und **Nea Kameni** besteht. Palea Kameni (Alt-Kameni) und Nea Kameni (Neu-Kameni), *kameni* bedeutet »verbrannt«, sind zwei kleine Inseln aus schwarzer Lava, die sich im Zentrum des Bassins von Santorini befinden und geografisch gesehen die jüngste Landmasse im östlichen Mittelmeer darstellen.

Palea-Kameni ist weniger als 2000 Jahre, Nea-Kameni etwa 500 Jahre alt – Ausflugsfahrten zu den Inseln werden überall angeboten. Während Thirassia bewohnt ist, sind die Kameni-Inseln und Aspronisi aufgrund ihrer geringen Größe und ihrer geografischen Besonderheit nicht besiedelt. Die Insel Thira, auf der rund 13 000 Menschen leben, wird in der Regel mit Santorin gleichgesetzt, da die übrigen Inseln relativ unbekannt sind.

Das auffälligste Merkmal von Santorin ist seine einzigartige Form. Die Inselgruppe ist der Überrest eines noch aktiven Vulkans, der in der Vergangenheit bereits mehrmals ausgebrochen ist – man vermutet etwa alle 4000 Jahre eine heftige Eruption – und dabei immer mehr in sich zusammenstürzte. Der letzte große Ausbruch wird nach neueren wissenschaftlichen Erkenntnissen etwa auf das Jahr 1625 v. Chr. datiert, andere Quellen sprechen von 1645 v. Chr.

Damit scheint der häufig behauptete Zusammenhang mit dem Untergang der minoischen Kultur auf Kreta unwahrscheinlich, da jenes Ereignis nach jüngeren Forschungsergebnissen etwa 100 bis 200 Jahre später erfolgt ist. Auch für ein Überbleibsel des sagenumwobenen Atlantis wird Santorin häufiger gehalten. Die letzte Katastrophe blieb, wie man heute weiß, wohl ohne große Opfer. Dem Ausbruch gingen scheinbar kleinere Erdbeben voraus, sodass die Inselbevölkerung gewarnt war und sich rechtzeitig in Sicherheit bringen konnte. Das letzte stärkere Erdbeben, das auch größere Schäden verursacht hat, ereignete sich 1956. Es gilt als ziemlich sicher, dass es auch zukünftig auf Santorin weitere Vulkanausbrüche geben wird.

Nach den Vulkanausbrüchen blieb ein Rest des Kraterrandes stehen, im Wesentlichen das heutige Santorin. Die Insel hat ungefähr die Form eines Halbmondes, der sich nach Westen öffnet. Nach Osten fällt die Insel flach zum Meer hin ab, dort gibt es auch traumhafte rote und schwarze Strände. Im Westen stürzt die Küste nahezu senkrecht in die Tiefe, in den »Kraterschlund«, die sogenannte **Caldera**. An dieser stellenweise bis zu 300 Meter hohen Felsküste bietet sich eine spektakuläre Szenerie, besonders zum Sonnenuntergang. Direkt über der Caldera thronen die Orte **Fira**, **Firostefani**, **Imerovigli** und **Oia**, deren Häuser sich bis an den äußersten Kraterrand schieben.

Cb/Cc3
Oia
Ca1/2

Griechische Straßenkatze in Oia auf Santorin

Der größte Teil der Insel ist an sich sehr eben und aufgrund des Vulkanbodens sehr fruchtbar. Besonders Weinbau wird intensiv betrieben. Im Inselinneren steigt das Gelände am Berg **Profitis Ilias** auf 568 Meter an. Hier in der Nähe befindet sich auch das gleichnamige Kloster, von dem aus man einen hervorragenden Blick über den ganzen Archipel genießt.

Schiffsausflug zu den aktiven Kratern auf der Insel Nea Kameni in der Caldera von Santorin

Infos im Internet
www.santorin.deu.net, www.santorin.gr

Auf Santorin gibt es regelmäßige **Busverbindungen** in alle Ortschaften. Die Station befindet sich in Fira etwas unterhalb des Hauptplatzes. Vor allem während der Saison sind die Busse jedoch meist sehr voll.

Athinios

Cd3

Aufgrund der steilen Felswand besitzt Santorin anders als andere Kykladeninseln keinen echten Hafenort. Die Fähren legen heute im neuen **Hafen** von Athinios an, wo es außer zwei, drei Tavernen nicht viel gibt. Von dort führt in Serpentinen eine Straße hinauf zum Kraterrand und zum Hauptort Fira.

Unterhalb von Fira liegt der alte Hafen, wo noch die Kreuzfahrtschiffe auf Reede gehen und die Gäste mit Booten zur Insel übersetzen. Verbunden ist der Ankerplatz mit dem Ort durch über 500 Steinstufen, die man sich, wenn man nicht laufen möchte, von einem Maultier hochtragen lassen kann. Oder man benutzt die Anfang der 1980er Jahre erbaute Seilbahn.

Fira

Cb/Cc3

Cb3

Der Hauptort Santorins – offiziell auch Thira, doch von den Einheimischen nur Fira genannt – erstreckt sich über gut zweieinhalb Kilometer am Kraterrand entlang und ist inzwischen mit den beiden kleineren Orten **Firostefani** und

Schneeweiß blitzen die Häuser von Fira hoch oben auf dem Kamm der Caldera (Santorin)

Cb3 **Imerovigli** zusammengewachsen. Besonders in der Hochsaison sind die schmalen Gassen, die sich zwischen schmucken Häusern und kleinen Kapellen hindurchschlängeln und gerade einmal so breit sind, dass ein beladener Esel hindurchkommt, von Kreuzfahrttouristen überfüllt. Doch sind die Schiffe erst wieder weg, kann es schlagartig ruhig werden, auch wenn noch genügend Urlauber in den zahlreichen Hotels und Pensionen übernachten. Besonders beliebt bei Honeymoonern sind die neuen, komfortablen Hideaways direkt an der Caldera.

Immer am Kraterrand entlang führt ein schöner Weg von Fira bis nach Imerovigli. Mindestens einmal muss jeder hier zum Sonnenuntergang entlangspazieren. Wer mag, Ca1/2 kann auch über Pfade am Kraterrand bis nach **Oia** laufen. Kraterblick bieten auch zahlreiche Cafés und Restaurants.

Dc1 Im Ortszentrum ist die orthodoxe Kathedrale **Mitropolis Ypapanti** zu besichtigen. Die Kathedrale wurde 1927 erbaut und nach dem schweren Erdbeben 1956 wieder aufgebaut. Die Kirche hat wunderschöne, großflächige Fresken, gemalt von dem ortsansässigen Künstler Christoforos Assimis. Direkt unterhalb der Kirche befindet sich das Dc1 im Jahr 2000 neu eröffnete **Prähistorische Museum**, das vor allem Exponate aus Akrotiri, etwa die dort gefundenen Wandmalereien, und Alt-Thira zeigt.

Von der Kirche führt die Straße **Ypapantis** mit vielen Db1 Geschäften, Restaurants und Hotels zum **Museum Megaron Ghizi**. Es stellt Gravuren aus dem 16. bis 19. Jahrhundert sowie eindrucksvolle Fotos der Insel aus, die sie vor und nach dem Erdbeben im Jahr 1956 zeigen.

An das Museum grenzt das katholische Viertel mit der Db1 **katholischen Kathedrale**, ebenfalls 1956 beschädigt und wieder aufgebaut, und dem **Katharinenkloster**. Nicht weit entfernt liegt in der Nähe der Seilbahnstation das **Ar-**

chäologische Museum. Es präsentiert Funde der Ausgrabungen von Alt-Thira und Akrotiri wie Vasen, Skulpturen und Tonfiguren. Db1

Auch für Kaufwillige hat Fira mit seinen zahlreichen Juwelier- und Souvenir-, Leder-, Keramik- und Kunsthandwerkshops einiges zu bieten.

Archäologisches Museum Db1
84700 Fira
Tägl. außer Mo 8.30–15 Uhr, Eintritt € 3

Prähistorisches Museum Dc1
Fira
Tägl. außer Mo 8.30–15 Uhr, Eintritt € 3

Museum Megaron Ghizi Db1
Fira
Mo–Sa 10.30–13 und 17–20, Mai–Okt. auch So 10.30–16 Uhr, Eintritt € 3,50/2

Konferenzzentrum Petros M. Nomikos Db1
Fira
✆ 22 86 02 30 16, www.thera-conferences.gr
In dem neoklassizistischen Gebäude mit schönem Caldera-Blick ist neben Konferenzräumen die Thera-Stiftung untergebracht, die das kulturelle Erbe der Insel bewahrt und fördert. In einem ehemaligen Weinkeller sind Kopien der bei Akrotiri gefundenen Fresken zu sehen.

Ampelos Dc1
Fabrika Shopping Centre, Fira
✆ 22 86 02 55 54
Interessantes Restaurant mit Ausblick und einer Mischung aus mediterraner und kalifornischer Küche. €€–€€€

Archipelagos Db1
Am Kraterrand, Fira
✆ 22 86 07 14 85
In einem restaurierten Kapitänshaus am Kraterrand. Wunderbare Terrasse, ausgezeichnete Küche und angenehme Atmosphäre. €€–€€€

The Santorini Festival
www.santorini.info/music-festival
Jeweils im September findet im Konferenzzentrum Petros M. Nomikos dieses internationale Musikfestival statt.

Entspannung auf einem Steinbänkchen (Santorin)

Ca1/2

Oia

Der Ort, »Ia« ausgesprochen, liegt am nördlichen Ende der Caldera und wurde beim Erdbeben von 1956 stark zerstört. Auch wenn viele Gebäude im Anschluss wieder aufgebaut und restauriert wurden, hat sich das Bild der Stadt verändert: Während vor dem Beben ein eher klassizistischer Baustil vorherrschte, sind viele der neuen Häuser im typisch kykladischen Stil mit kubischen Formen gehalten.

Oia ist ein ausgesprochen hübsches Örtchen und touristisch wesentlich ruhiger als Fira. Zwar fehlen auch in Oias Gassen nicht die vielen Souvenirshops, dennoch ist es wohl der Ort auf der Insel mit dem meisten Flair und der schönsten Atmosphäre – besonders am frühen Morgen und zum Sonnenuntergang.

Man versucht hier besonders einen hochwertigen Tourismus zu etablieren, so sind beispielsweise Bauarbeiten im Ort zwischen April und September verboten. Etliche der in den Kraterrand gebauten Höhlenwohnungen wurden zu Luxusunterkünften ausgebaut bzw. in diesem Stil neu errichtet. Meist haben die Zimmer den berühmten Caldera-Blick – wie ihn im Übrigen auch in Oia zahlreiche Cafés und Restaurants bieten.

Ca1 Ca1 Ca1

Unterhalb von Oia liegen der älteste, kaum noch benutzte **Hafen Armeni**, der vom Ort aus nur zu Fuß zu erreichen ist, und der Strand **Ammoudi**. Interessant im Ort selbst ist auch das in einer klassizistischen Villa untergebrachte **Nautische Museum**, das allerlei Schiffsmodelle und nautische Instrumente zeigt.

Ca1

Nautisches Museum
84702 Oia
Tägl. außer Di 10–14 und 15–20 Uhr, Eintritt € 3,50/2

Kleine Fischerboote, die in den Wellen schaukeln, und bunte Häuschen: der Strand von Ammoudi unterhalb von Oia (Santorin)

1800 Ca1
Oia, ✆ 22 86 07 14 85
www.oia-1800.com
Luxuriöses Restaurant, vielleicht das beste der Insel, in einem ehemaligen Kapitänshaus. Hervorragende mediterrane Küche, Top-Weinkeller. €€€

Skala Ca1
Oia, ✆ 22 86 07 13 62
Das Restaurant mit der wohl größten Terrasse in Oia, zudem mit freundlicher Bedienung und einem wunderbaren Blick. Gute griechische Küche mit Spezialitäten von der Insel. €€

Sigalas Wines Ca1/2
Oia
✆ 22 86 07 16 44, Juni–Sept. Mo–Fr 10–21, Sa/So 11–21, April/Mai, Okt./Nov. Mo–Fr 10–19, Sa/So 11–19 Uhr
Erst 1991 gegründetes Weingut, das sehr gute Bioweine produziert.

Mati Art Gallery Ca1
An der orthodoxen Kirche, Oia
Mitte März–Mitte Nov. tägl. geöffnet
Die interessante Kunstgalerie, die vor über zehn Jahren von der Künstlergruppe »Studio 71« gegründet wurde, zeigt zeitgenössische griechische Kunst, Skulpturen, Plastiken, Malerei, Schmuck und andere Kunstobjekte.

Akrotiri

Ce2

Akrotiri im Südwesten ist die bedeutendste **Ausgrabungsstätte** der Insel und so etwas wie das Pompeji Santorins, denn beim großen Vulkanausbruch um 1625 v. Chr. wurde hier eine ganze minoische oder spätkykladische Siedlung unter Asche begraben und konserviert. Bei den Ausgrabungen, durch die ein kleiner Rundweg führt, wurden bereits ganze Häuser und Straßen freigelegt. Neben bemalten Keramiken und Gräbern fand man vor allem wunderschöne Wandmalereien, die das Leben auf Santorin vor 4000 Jahren zeigen.

Einige der eindrucksvollen Fresken befinden sich im Nationalmuseum in Athen, andere im neuen Archäologischen Museum auf Santorin. Weiterhin gibt es eine sehenswerte Ausstellung von sehr guten Reproduktionen der Malereien im Konferenzzentrum Nomikos in Fira.

Bei der in Meeresnähe gelegenen Anlage liegt das kleine Dorf Akrotiri und der beliebte **Rote Strand** mit seinen roten Felsen.

Akrotiri
Tägl. 8.30–15 Uhr, Eintritt € 8/4
Nach einem Unfall mit einem Toten und Verletzten im Jahr 2005 wurde die Ausgrabungsstätte für

Heimische Flora und Fauna sind Sujets der Fresken aus Akrotiri, …

Besucher auf unbestimmte Zeit geschlossen. Man sollte sich vor Ort erkundigen, ob die Anlage wieder zugänglich ist.

Alt-Thira

Cd4

Bei Alt-Thira handelt es sich um die Überreste einer dorischen Siedlung, die bis in frühbyzantinische Zeit bewohnt und in der Antike der Hauptort der Insel war. Reizvoller als die nicht besonders beeindruckenden Ausgrabungen (tägl. 8.30–15 Uhr) ist die wunderbare Lage auf dem wie eine Halbinsel ins Meer ragenden Hügel Mesa Vouno zwischen den beiden Badeorten Kamari und Perissa. Das Gelände ist von Perissa und Kamari über eine Straße oder zu Fuß über schmalere Wege zu erreichen.

Perissa

Ce4

Perissa, etwa 15 Kilometer südöstlich von Fira, ist vielleicht der bekannteste Badeort der Insel, der vor allem wegen seines langen, schwarzen **Vulkanstrands** gefragt ist. Eine Art Wahrzeichen des Dorfes ist ein großer, im Wasser liegender Fels, der **Mesa Vouno**, der beim Sonnenuntergang regelrecht leuchtet.

Perissa bietet eine große Auswahl an Unterkünften, Tavernen, Restaurants, Cafés, Bars, Strandbars und neuerdings auch Nachtclubs. Sehenswert ist im Dorf die reizvolle Kapelle **Agia Ireni** aus dem 16. bis 17. Jahrhundert.

Von Perissa führt ein kleiner Weg den Berg hinauf zu den Ruinen der antiken Stadt **Alt-Thira**. Man kann zu Fuß oder mit einem Esel dorthin gelangen.

Südlich von Perissa liegt der schöne Strand von **Perivolo**.

… dem Pompeji der griechischen Antike

Santorini Dive Center
84703 Perissa
✆ 22 86 08 31 90
www.divecenter.gr
Gut ausgestattete Tauchschule, die noch eine Filiale am Strand von Akrotiri besitzt.

Meteora
84703 Perivolos
✆ 22 86 08 27 77
Angenehme Ganztages-Location am Strand. €€

Kamari

Cb4

Neben Perissa der zweite bedeutende Urlaubsort an der flach abfallenden Ostküste. Auch hier erstreckt sich ein herrlicher langer, breiter **Strand mit schwarzem Sand**, an dem sich zahlreiche Restaurants, Cafés, Pensionen und Hotels aneinanderreihen. Parallel zum Strand verläuft eine hübsche gepflasterte Promenade, die zum Bummeln einlädt. An seinem südlichen Ende stößt der Strand an die Halbinsel mit dem Hügel **Mesa Vouno**. Im Sommer ist hier viel los. So gibt es im Ort an der Hauptstraße sogar zwei Kinos, und im Juli wird ein dreitägiges Jazzfestival veranstaltet.

Von Kamari führt eine einfache Strandstraße nach Norden zum Strand von **Monolithos**. Außerdem kann man sich mit den typischen Fischerbooten, den Kaikis, auf die nahe gelegene kleine Insel **Anafi** übersetzen lassen.

Cc4

E5

Skaramagas Fish Taverne
Am Strand, 84700 Kamari, ✆ 22 86 03 27 71

Cb4

Angenehmes Restaurant mit einem schattigen Garten, das auf Fisch und *Mezede*, die kleinen Vorspeisen, spezialisiert ist. €€

Cinema Kamari
84700 Kamari
✆ 22 86 03 19 74, www.cinekamari.gr

Cb4

Seit über 20 Jahren gibt es schon dieses Open-Air-Kino mit seiner hübschen Gartenatmosphäre. Gespielt werden auch neueste Filme, alle in Originalversion mit griechischen Untertiteln.

Mario No. 1 Grill & Restaurant
84700 Monolithos, ✆ 22 86 03 20 00

Cc4

Großes Restaurant direkt am Beach. Man ist zwar auf Seafood spezialisiert, doch von Hummer über Pasta bis zu Fleisch vom Grill gibt es hier fast alles. €€

Der längste Strand Santorins lockt mit schwarzem Lavasand vor tiefblauem Meer: Perissa

5 Service

Die Kykladen in Zahlen und Fakten

Geografie: Die Inselgruppe der Kykladen liegt südlich des griechischen Festlands im Ägäischen Meer. Nur 24 der etwa 220 kargen, bergigen Inseln sind ganzjährig bewohnt. Zu den bekanntesten Inseln zählen Mykonos, Santorin, Paros, Naxos und Delos.

Die größte Insel ist **Naxos** mit 448 km^2 Fläche, nur 19 der Inseln sind größer als 10 km^2. Die gesamte Landfläche der Inseln beträgt etwa 2572 km^2. Früher waren die Eilande größtenteils bewaldet, heute zeigen sie sich eher karg, mit wenig Vegetation.

Verwaltung: Die Inselgruppe bildet eine der beiden Präfekturen oder auch Regierungsbezirke, die zusammen den Verwaltungsbezirk *(Periferia)* »Südliche Ägäis« bilden. Die »Südliche Ägäis« ist eine der zehn griechischen Provinzen. Hauptstadt und Verwaltungssitz der Präfektur wie der *Periferia* ist Ermoupolis auf der Insel Syros.

Bevölkerung: Insgesamt leben heute auf der Inselgruppe rund 115 000 Menschen. Die größte und gleichzeitig einzige Stadt der Kykladen ist die **Hauptstadt Ermoupolis** auf Syros mit rund 14 000 Einwohnern. Vor allem im 20. Jh. gab es eine starke Abwanderung junger Menschen von den Kykladen zum Festland und ins Ausland. Diese Entwicklung konnte gestoppt und zum Teil umgedreht werden.

Über 90 % der Kykladenbewohner sind griechisch-orthodox, eine größere Minderheit bilden die Katholiken. Wahrscheinlich wurden die Inseln bereits in der Steinzeit besiedelt.

Wirtschaft: Die Mehrzahl der Inseln lebt heute überwiegend vom Tourismus. Daneben wird regional unterschiedlich weiterhin Fischfang betrieben. Auch die Landwirtschaft hat eine gewisse Bedeutung. Angebaut werden Wein, Oliven, Südfrüchte, Gemüse und Kartoffeln, doch inzwischen fehlt es in diesem Sektor schon an Arbeitskräften, da der Tourismus mehr einbringt.

Anreise/Einreise

Deutsche, österreichische und Schweizer Staatsbürger benötigen für die Einreise einen gültigen Personalausweis oder Reisepass. Ansonsten gelten die EU-Bestimmungen.

Mit dem Flugzeug

Mykonos und Santorin werden zwischen Ende April und Ende Oktober von mehreren Charter-Gesellschaften wie Air Berlin, Condor und LTU praktisch von allen deutschen Flughäfen angeflogen. Außerdem gibt es regelmäßige Flugverbindungen von Athen mit der Olympic und mit Aegean Airlines.

Mit dem Schiff

Es bestehen regelmäßige Schiffsverbindungen von Piräus zu allen Kykladeninseln. Außerdem fahren von Piräus und Rafina verschiedene High-Speed-Fähren wie die Flying Cats von Hellenic Seaways (www.hellenicseaways.gr) etwa nach Paros, Naxos, Santorin, Tinos, Ios und Mykonos. Mit den High-Speed-Fähren vermindert sich die Fahrzeit um etwa die Hälfte, die Tickets sind allerdings auch ungefähr doppelt so teuer. Die Fahrt von Rafina nach Mykonos dauert etwa zwei Stunden und kostet rund 40 Euro.

Auch zwischen einigen Inseln verkehren die schnellen Katamarane direkt – so z. B. zwischen Paros und Mykonos. Cyclades Fast Ferries fährt regelmäßig von Gavrio nach Rafina, Tinos und Mykonos. Vor allem im Juli und August sind die High-Speed-Fähren meist sehr voll, sodass eine frühzeitige Reservierung zu empfehlen ist. Fährt man mit den normalen Fähren von einer Insel zur nächsten, sollte man sich auf häufige Verspätungen einstellen. Bei zu starkem Wind können Fähren auch schon einmal ausfallen. V. a. die High-Speed-Fähren, die in der Regel nur zwischen Mitte April und Ende Oktober verkehren, bleiben bei Windstärken ab 5/6 Beaufort häufig im Hafen.

Online-Tickets und Informationen über alle griechischen Fährverbindungen im Internet unter: www.greekferries.gr, www.gtp.gr und www.ferries.gr.

Auskunft

In Deutschland:

Die Büros der Griechischen Fremdenverkehrszentrale (EOT) halten umfangreiches Informationsmaterial bereit.

Griechische Zentrale für Fremdenverkehr
Neue Mainzer Str. 22, 60311 Frankfurt/Main
✆ (069) 257 82 70, Fax (069) 25 78 27 29
info@gzf-eot.de

Büro Berlin
Wittenbergplatz 3A, 10789 Berlin
✆ (030) 217 62 62, 217 62 63, Fax (030) 217 79 65
info-berlin@gzf-eot.de

Santorin: weiß gekalkte Häuser vor tiefblauem Meer

Büro Hamburg
Neuer Wall 18, 20354 Hamburg
✆ (040) 45 44 98, Fax (040) 45 44 04
info-hamburg@gzf-eot.de

Büro München
Pacellistr. 5, 80333 München
✆ (089) 22 20 35, Fax (089) 29 70 58
info-muenchen@gzf-eot.de

In Österreich:

Opernring 8, A-1010 Wien
✆ (01) 512 13 57, Fax (01) 513 91 89, grect@vienna.at

In der Schweiz:

Löwenstr. 25, CH-8001 Zürich
✆ (044) 221 01 05, Fax (044) 212 05 16
eot@bluewing.ch

Im Internet:

www.eot.gr – Homepage der EOT mit Informationen auf Englisch
www.visitgreece.gr – offizielle Website der Griechischen Zentrale für Fremdenverkehr
www.griechenland-insel.de
www.kykladen-treff.de
www.griechische-botschaft.de – Online-Informationsdienst der Griechischen Botschaft in Berlin

Im östlichen Bergland von Naxos: Koronos

www.gogreece.com – umfassendes Web-Directory für ganz Griechenland mit vielen Informationen zu allen Lebensbereichen
www.griechenland-zeitung.de – Website der einzigen deutschsprachigen Zeitung Griechenlands
www.ekathimerini.com – täglich umfassende englischsprachige Berichterstattung über Griechenland in der elektronischen Ausgabe der nationalen Tageszeitung »Kathimerini«
www.ert.gr – Website des griechischen staatlichen Fernsehens und Rundfunks, mit Livestream-Angeboten zum Empfang auf dem Computer

Zahlreiche Hotels besitzen inzwischen Internetzugang und in den Touristenorten gibt es meist mehrere Internetcafés.

Auto- und Scootermiete/Autofahren

Straßenschilder sind keineswegs stets zweisprachig

Normalerweise ist es kein Problem, auf den Kykladen ein **Auto** zu mieten (etwa € 40/Tag), nur in der Hochsaison kann es schon einmal zu vereinzelten Engpässen kommen. In den meisten Orten konkurrieren mehrere Anbieter miteinander. Üblich sind überwiegend asiatische Kleinstwagen wie der Daihatsu Cuore, aber auch kleine Suzuki-Jeeps und die neuen Quads sind sehr beliebt. Man sollte sich immer überzeugen, dass alle Kilometer und die Versicherungen in der Miete enthalten sind und das Auto – samt der Reifen – in gutem Zustand ist.

Da die Inseln doch eher klein sind, kommt man allerdings oft auch ohne Fahrzeug bestens zurecht. Wer die Fahrten zu verschiedenen Stränden und Orten ganz flexibel planen möchte, kann statt eines Autos auch einen **Scooter** (Motorroller, ca. € 20/Tag) mieten.

Im Wesentlichen gelten in Griechenland dieselben **Verkehrsregeln** wie in Deutschland. Es bestehen folgende Höchstgeschwindigkeiten: außerhalb von Ortschaften 90 km/h, innerhalb von Ortschaften 50 km/h.

Die Promillegrenze beträgt 0,5; Alkoholkontrollen kommen inzwischen regelmäßig vor. Parken darf man nicht in Bereichen mit gelb markierten Straßenrändern. Sind sie blau markiert, ist das Parken kostenpflichtig. Weiß markierte Parkzonen sind gebührenfrei.

Im Auto gilt auf den Vordersitzen Anschnallpflicht. Die Bußgelder sind in Griechenland generell wesentlich höher als in Deutschland.

Diplomatische Vertretungen

Deutsche Botschaft
Karaoli & Dimitriou 3, GR-10675 Athen-Kolonaki
✆ +30 21 07 28 51 11, Fax +30 21 07 25 12 05
www.athen.diplo.de

Österreichische Botschaft
Leoforos Alexandras 26, GR-10683 Athen
✆ +30 21 08 25 72 30, Fax +30 21 08 21 98 23
www.bmeia.gv.at/botschaft/athen.html

Schweizer Botschaft
Iassiou 2, GR-11521 Athen
✆ +30 21 07 23 03 64, Fax +30 21 07 24 92 09
www.eda.admin.ch/athens

Einkaufen

Natürlich gibt es in allen Ferienorten die üblichen Souvenirläden, die allerhand Kitsch und besonders gern Plastikskulpturen aus der griechischen Mythologie, aber auch hübsches Kunsthandwerk anbieten.

Schöne Mitbringsel sind alle Produkte vom Olivenbaum. Dazu gehören ausgezeichnete kalt gepresste native Olivenöle – oft in ansprechenden Flaschen abgefüllt. Sie dürfen allerdings nicht mehr mit ins Handgepäck. Auch Seife und andere Kosmetika aus der Olive oder Kunsthandwerkliches aus Olivenholz sind eine gute Wahl. Wer etwas Alkoholisches sucht, sollte unbedingt zum Ouzo greifen. Auch der eine oder andere Rotwein lohnt die Mitnahme.

Darüber hinaus gibt es auf den Inseln vor allem schöne Strick- und Lederwaren zu kaufen. Echte Schnäppchen sind jedoch eher selten, bei Leder allerdings noch am ehesten möglich.

Die vielfältigsten Möglichkeiten zum Shoppen bietet Mykonos. Da hier in den Sommermonaten viele wohlhabende Athener ihren Urlaub verbringen und auch viele Kreuzfahrer einen Stopp einlegen, ist bis hin zur schicken Boutique alles vorhanden.

Essen und Trinken

Die griechische Küche gilt wegen ihres hohen Anteils an Olivenöl und Gemüse zunächst als sehr gesund. Nicht umsonst hat etwa Kreta – und Ähnliches gilt auch für die anderen Inseln – europaweit mit die niedrigste Quote bei den Herz-Kreislauf-Erkrankun-

»Kunst am Bau«: Fischrestaurant in Oia (Santorin)

Kafenion-Stühle im typischen Blau der Kykladen

gen. Dies gilt jedoch vor allem für die ursprüngliche griechische Kost mit viel Olivenöl, frischem Gemüse und Schafskäse. Bestes Beispiel ist der *Choriatiki Salata* (Bauernsalat), der all dies enthält. Seit einiger Zeit wird in Griechenland allerdings immer mehr Fleisch gegessen. Das gibt es vor allem in gegrillter Form in der Taverne und steht von *Souvlaki* bis *Bifteki* auf allen Inseln hoch im Kurs. Auch der schnelle *Gyros-Pita*-Imbiss ist praktisch unvermeidlich.

Eine **Taverne** ist im eigentlichen Sinne kein Restaurant – das ist ein *Estiatorio* –, sondern ein meist eher einfaches Grill-Lokal. Über dem Feuer werden *Souvlaki* (Fleischspieße), Lamm- und Schweinekoteletts, *Bifteki* (Frikadelle), Fisch und Meeresfrüchte gegrillt. Dazu isst man Salate und Vorspeisen wie gefüllte Weinblätter oder Zucchiniblüten, Bohnen, *Taramasalata* (Fischrogen), *Tsatziki* und *Patates* (selbst gemachte Pommes). Fisch, hier und da findet man auch spezielle Fischtavernen, ist in der Regel eher teuer – mit Ausnahme von Kalamari, Oktopus und Sardinen. Tavernen gibt es überall und besonders in den Touristenorten und an den Häfen. Gute Tavernen erkennt man daran, dass sie noch reichlich gutes Olivenöl verwenden und den Salat nicht mit Sonnenblumenöl anmachen, um sich dem vermeintlichen Geschmack der Urlauber anzupassen. Zudem werden dort neben Grillgerichten auch einheimische Spezialitäten wie *Stifado* (eine Art Gulasch) serviert.

Die Griechen besuchen die Tavernen gern in größeren Gruppen, besonders am späten Abend oder sonntagmittags. Man bestellt zusammen und jeder isst von allem etwas. Bezahlt wird am Ende gemeinsam. Getrennte Rechnungen zu verlangen ist in ganz Griechenland ohnehin unbekannt und stößt auf Befremden. Die meisten Tavernen sind recht günstig. Ein Souvlaki mit Patates kostet zwischen € 5,50 und € 7. Für das Trinkgeld lässt man einige Münzen auf dem Tisch liegen.

Gelegentlich finden sich auf den abgelegeneren Inseln auch noch Lokale, wo man sich das Essen in der Küche aussuchen kann. Typisch sind hier Gerichte wie Moussaka, verschiedene Gemüse, Lamm mit Bohnen, Huhn mit Kartoffeln oder Aufläufe. Typischerweise werden sie lauwarm serviert.

Getrunken wird mehr Bier als Wein, wobei der Wein in Griechenland immer besser wird. Gelegentlich gibt es einen ordentlichen Hauswein vom Fass, der noch dazu sehr günstig ist. In Bars und Cafés sind Bier und Cocktails hingegen ziemlich teuer.

Die älteren Männer zieht es nach wie vor ins ***Kafenion***. Im *Kafenion* wird nicht gegessen, sondern getrunken, und zwar der kleine, starke *kafe elliniko* und *Ouzo*. *Ouzo* ist, mit Ausnahme Kretas, der typische Schnaps Griechenlands, praktisch das Nationalgetränk. Er ähnelt dem nach Anis schmeckenden türkischen Raki. Der griechische *Tsipero* hingegen ist ein klarer Trester-Schnaps, vergleichbar dem Grappa. Zum alkoholischen Getränk werden in guten Lokalen immer Kleinigkeiten zum Knabbern oder sogar *Mezes* (kleine Snacks) wie Pommes, Oliven, Schafskäse, Gurke, Tomate etc. serviert. Man trinkt den *Ouzo* auch in speziellen *Ouzerien*. Die Kleinigkeiten bekommt man auch in Restaurants, die sich auf kleine Vorspeisen spezialisiert haben und daher *Mezedopolio* heißen.

Wesentlich häufiger als griechischen Kaffee, Ouzo, Bier oder Wein trinken Griechen übrigens Frappé, kalten Nescafé – meist mit Zucker (*me sachari*) und Milch (*me gala*) –, und zwar von früh am Morgen zu Hause bis spät in der Nacht an der Strandpromenade. Die meisten trinken ihn *metrio* (mittel).

Feiertage/Feste

Unbewegliche gesetzliche Feiertage:
1. Januar: Neujahrstag
6. Januar: Epifanias, Heilige Drei Könige
7. Januar: Fest für Johannes den Täufer
23. Februar: Kathari Devthera
23. März: Nationalfeiertag
23. April: Tag des Heiligen Georg, wird auf den Kykladen groß gefeiert
1. Mai: Tag der Arbeit
15. August: Mariä Himmelfahrt

Kirchweihfest in Oia (Santorin)

28. Oktober: *Ochi*-Tag, gedenkt dem Widerstand gegen die italienischen Besatzer im Zweiten Weltkrieg, wird in größeren Orten und Städten mit Paraden gefeiert
25./26. Dezember: Weihnachten

Bewegliche gesetzliche Feiertage:
Ostern und die davon abhängigen Termine werden in Griechenland nach dem Julianischen Kalender berechnet. Es kann zeitgleich mit unseren, aber auch eine bis fünf Wochen später liegen:
Rosenmontag: 2. März 2009, 15. Februar 2010
Karfreitag: 17. April 2009, 2. April 2010, häufig Prozessionen in den Dörfern
Ostersonntag/-montag: 19./20. April 2009, 4./5. April 2010
Pfingstsonntag/-montag: 7./8. Juni 2009, 23./24. Mai 2010

Fotografieren

Generell ist das Fotografieren in Museen und archäologischen Stätten erlaubt. Für Aufnahmen mit einem Blitzlicht oder Stativ braucht man jedoch eine Genehmigung und muss ein Extraticket kaufen. Gleiches gilt für Film- und Videoaufnahmen.

Für Fotografen, die Filme benutzen: Diese sind auf den Kykladen teurer als in Deutschland und häufig schon zu lange gelagert. Für die digitalen Fotografen: An Batterien, Akkus und Speicherkarten denken!

Geld/Kreditkarten

In Griechenland gilt der Euro.

Gängige Kreditkarten (Visa, MasterCard, Eurocard, American Express, Diners Club) werden fast überall akzeptiert, auch an Geldautomaten.

Mit der EC-Karte und Pin-Nummer kann europaweit Bargeld an Geldautomaten abgehoben werden. Karten mit dem Cirrus- oder Maestro-Symbol werden auch als Zahlungsmittel akzeptiert.

Zur Sperrung von EC- und Kreditkarten vgl. »Sicherheit/Kriminalität/Notfälle«.

Hinweise für Behinderte

Die Kykladen sind kein besonders behindertenfreundliches Reiseziel. Das Gelände ist häufig unwegsam, die Fußgängerwege in den Dörfern sind mit Löchern gespickt und von hohen Bordsteinen eingefasst. Behindertengerechte Einrichtungen sind selten, bisher eigentlich überhaupt nur in einigen guten Hotels vorhanden.

Klima/Reisezeit

Die Kykladen bieten klimatisch das ganze Jahr gute Reisebedingungen, tatsächlich konzentriert sich die Saison jedoch auf die Monate April/Mai bis Oktober, eigentlich sogar nur auf Juni bis September, wobei die absolute Hochsaison, wenn auch die Griechen die Inseln stürmen, im Juli und August ist. Dann wird es deutlich über 30 °C heiß und die Nächte bringen kaum Abkühlung. Allerdings sorgt der Wind Meltemi tagsüber dafür, dass sich die hohen Temperaturen recht gut ertragen lassen. Die Wassertemperatur liegt im Hochsommer bei ca. 26 °C.

Im November liegen die Temperaturen im Durchschnitt immer noch bei angenehmen 14 bis 20 °C; am kühlsten ist der Januar mit durchschnittlich 8 bis 14 °C. Mit ca. elf Regentagen ist er auch der regenreichste Monat, gefolgt vom Dezember mit zehn. Im Juli und August fällt normalerweise überhaupt kein Niederschlag und auch der Juni und September bringen es normalerweise nur auf einen Regentag.

Als beste Reisezeit vor allem für Wanderer, aber auch für Segler gelten die Vor- und Nachsaison, also Mai/Juni und September/Oktober. Im Oktober können allerdings mancherorts Unterkünfte und Restaurants schon geschlossen sein.

Medizinische Versorgung

Eine Reise auf die Kykladen birgt keine besonderen gesundheitlichen Risiken, die über das Urlaubsübliche wie Sonnenbrand und Mückenstiche hinausgehen. Die ärztliche Versorgung ist recht gut; es gibt Ärzte, die Deutsch oder Englisch sprechen, Gesundheitszentren und kleinere Krankenhäuser auf den größeren Inseln.

Gesetzlich Versicherte sollten sich bei ihrer Krankenkasse die neue **Europäische Versicherungskarte** besorgen und bei der Behandlung auf den Kykladen vorlegen. Viele privat niedergelassene Ärzte akzeptieren jedoch nur Bargeld oder Kreditkarte. Lässt man sich eine Rechnung ausstellen, kann man diese nach dem Urlaub bei der Krankenkasse einreichen, die allerdings nur die in Deutschland üblichen Sätze erstattet und auch keinen Rücktransport übernimmt. Damit man nicht auf zusätzlichen Kosten sitzen bleibt, sollte man eine **Auslandskrankenversicherung** abschlie-

»Catwalk« vor spektakulärer Kulisse (Santorin)

ßen. In den Leistungen vieler Kreditkarten ist eine solche Versicherung bereits enthalten.

An Apotheken herrscht auf den Kykladen kein Mangel und viele Medikamente wie beispielsweise Aspirin sind erheblich günstiger als in Deutschland.

Das Leitungswasser kann getrunken werden, doch wer dem nicht ganz traut, kauft Wasser in Plastikflaschen.

Es reist sich gut mit Kindern auf den Kykladen

Mit Kindern auf den Kykladen

Es reist sich gut mit Kindern auf den Kykladen, zumal die Bevölkerung sehr kinderfreundlich ist. Zwar gibt es kaum spezielle Attraktionen wie Fun-Parks, doch die breiten Sandstrände sind für Kinder sehr attraktiv und die Inseln bieten vielfältige Möglichkeiten für überschaubare kleine Ausflüge, die gerade unternehmungslustige Eltern schätzen. Allerdings empfiehlt es sich mit kleineren Kindern die sehr heißen Sommermonate zu meiden.

Einige Hotels bieten kindgerechte Einrichtungen wie Spielplätze und Kinderbetreuung an. Gewöhnen müssen sich Eltern daran, dass griechische Kinder im Hochsommer auch um ein Uhr nachts noch auf der Promenade herumturnen oder mit ihrer Familie in der Taverne sitzen.

Nachtleben

Das Nachtleben mit großen Diskos und Clubs, vollen Pubs und Bars spielt sich überwiegend auf Mykonos und Ios ab. Besonders Mykonos hat hier nicht nur bei ausländischen Touristen, sondern auch bei den Griechen einen speziellen Ruf. Das Eiland ist so etwas das Sylt Griechenlands – wohlhabende Athener verbringen hier gern den Hochsommer –, und zudem ist es ein beliebter Spot in der homosexuellen Szene. So haben viele Athener Restaurants, Bars und Clubs in den Sommermonaten auf Mykonos eine Dependance, manche schließen ihr Lokal in der Hauptstadt gar für diese Zeit. An Szene-Lokalen besteht also kein Mangel. Gefeiert wird oft schon am späten Nachmittag an den Beach-Bars.

Ios zieht vor allem junge Traveller aus ganz Europa, teils sogar aus Übersee an. Es gilt als wahre Party-Insel, wo bis zum frühen Morgen gefeiert wird. Auf dem Hauptplatz ist es mitten in der Nacht manchmal so voll, dass Umfallen kaum möglich ist.

Doch auch Naxos und Paros bieten den Besuchern Möglichkeiten, die Nacht zum Tag zu machen. Hinzu kommt, dass nicht nur die Griechen im Hochsommer selten vor 22.30 Uhr zum Abendessen ausgehen. Dementsprechend wird bis spät in die Nacht in den Tavernen gesessen – zumal die angesagten Clubs und Diskotheken meistens erst zwischen 23 und 24 Uhr öffnen und hier erst ab eins, halb zwei richtig etwas los ist. Die Clubs kosten in der Regel einen Eintritt ab € 10 aufwärts. Während der Saison werden internationale Top-DJs auf die Inseln eingeflogen.

Mit dem Esel kommt man leichter durch die engen Gassen von Santorin

Öffentliche Verkehrsmittel

Praktisch auf jeder bewohnten Insel fahren öffentliche **Busse**, die den Hafen, die größeren Dörfer und die Strände miteinander verbinden. Außerhalb der Saison verkehren die Busse meist nur selten, während der Sommermonate sind die Verbindungen in der Regel jedoch recht gut. Selbstverständlich fahren auf allen Inseln **Taxis**, die aber nicht immer ganz billig sind. Zudem gibt es vielerorts Wassertaxisi oder sogenannte **Bade-Kaikis**, die Besucher zu den Stränden und anderen Attraktionen schippern.

Öffnungszeiten

Die Öffnungszeiten der **Geschäfte** sind nicht einheitlich; sie wurden inzwischen trotz massiver Proteste der Einzelhändler gesetzlich freigegeben. Grundsätzlich haben in Griechenland die meisten Geschäfte eine lange Mittagspause (ca. 13.30–17.00 Uhr), dafür aber abends bis 20 oder 21 Uhr geöffnet. In Touristenzentren hingegen sind die Geschäfte nicht selten durchgehend 9–22 Uhr geöffnet.

Für viele Kleinigkeiten gibt es die zahlreichen Kioske, ***Periptero***, die am frühen Morgen öffnen und häufig bis spät in die Nacht ihre Waren anbieten. Hier bekommt man fast alles für den täglichen Bedarf wie Zigaretten, Süßigkeiten, kühle Getränke, Eis oder Shampoo.

Banken öffnen in der Regel 8–13.30 oder 14 Uhr, am Nachmittag nur in den größeren Touristenzentren. Allerdings gibt es inzwischen genügend Geldautomaten.

Museen und archäologische Stätten haben meist 8.30–17 Uhr (am Wochenende häufig nur bis 15 Uhr) geöffnet, doch einige haben auch andere Schließzeiten. Ruhetag ist häufig der Montag. Am besten erkundigt man sich vor Ort.

Klöster sind meistens von Sonnenauf- bis Sonnenuntergang geöffnet. Zwischen 13 und 16 Uhr sollte man sie jedoch nicht aufsuchen, da dann Mittagsruhe ist.

Kirchen können außerhalb der Gottesdienste verschlossen sein, da es in der zurückliegenden Zeit zahlreiche Ikonen-Diebstähle gab. Wer jedoch Interesse an der Besichtigung hat, kann in einer nahe gelegenen Taverne oder einem Kafenion nach dem Schlüssel bzw. dem Verwalter des Schlüssels fragen.

Post

Alle etwas größeren Inseln haben eine Post. Eine Postkarte kostet € 0,65 und benötigt einige Tage bis zu einer Woche nach Deutschland – von abgelegenen Orten aus manchmal auch wesentlich länger. Briefmarken sind auch in vielen Hotels, Geschäften und an Kiosken erhältlich. Mit dem Vermerk »Poste Restante« (postlagernd) kann man sich Post an das Postamt (Main Post Office) des jeweiligen Ortes senden lassen.

Fürs Telefonieren ist nicht die Post, sondern die Telefongesellschaft OTE zuständig.

Preise

Das Preisniveau ist insgesamt etwas niedriger als in Deutschland. Dies gilt insbesondere für Unterkünfte (Pensionszimmer ab etwa € 25, Studios ab € 30) wie auch für das Essen in normalen Tavernen und Restaurants. Getränke wie Bier können allerdings in et-

»Siesta« auf Griechisch

Bougainvilleen setzen bunte Farbkleckse in den weiß getünchten Kykladen-Dörfern

was schickeren Clubs, Cafés und Bars mindestens so viel wie in deutschen Großstädten kosten. Auch der Einkauf in den Supermärkten ist nicht unbedingt billiger als in Deutschland, vor allem dann nicht, wenn man importierte Produkte kauft.

Wesentlich günstiger sind hingegen Zigaretten und Medikamente, so ist Aspirin für viele Besucher ein beliebtes Mitbringsel.

Presse/TV

Die Frühausgaben deutscher Zeitungen sind in den Touristenzentren teilweise schon am selben Tag erhältlich, in kleineren Orten mit einem Tag Verspätung.

Viele Hotels verfügen über Satellitenfernsehen mit deutschen Programmen.

Rauchen

Griechenland gehört noch nicht zu den Ländern mit besonderem Nichtraucherschutz. Es wird überall geraucht, sogar in der Bank.

Sicherheit/Kriminalität/Notfälle

Die Kykladen sind insgesamt ein sicheres Reiseziel, die Kriminalität ist nicht höher als in deutschen Orten. Doch natürlich ist auch hier die übliche Vorsicht geboten. Wertsachen und Tickets sollten beispielsweise im Hotelsafe aufbewahrt werden.

Notfallnummern:

Europäische Notrufnummer	✆ 112
Polizei	✆ 100
Erste Hilfe	✆ 166

Sperrung von Bank-, Kredit- und Handykarten

Zentrale Notrufnummer zum Sperren	✆ +49116 116
EC-Karten	✆ +49 69 74 09 87
American Express	✆ +49 69 97 97 20 00
Diners Club	✆ +49 69 66 16 61 23
Mastercard	✆ +800-11-887-0303
Visa-Card	✆ +800-11-638-0304

Sport und Erholung

An den Stränden der Inseln wird Wasser- und Fun-Sport großgeschrieben. In den größeren Hotels und Touristenorten werden Windsurfing und Wasserski sowie »Crazy Banana« und »Tube Riding« angeboten. Einer der bekanntesten Windsurf-Spots ist die Insel Naxos, wo acht Windstärken keine Seltenheit sind. Insgesamt weht auf den Kykladen in den Sommermonaten dank des Meltemi häufig eine steifere Brise. Die Inselgruppe ist daher auch bei Seglern sehr beliebt; ab Piräus werden zahlreiche Segeltörns angeboten.

Populär ist auch »Parashooting«, wobei man an einem Fallschirm in der Luft von einem Motorboot gezogen wird. Am Strand kann Volleyball gespielt werden und einige Hotels verfügen über Tennisplätze und vereinzelt über Tauchschulen. Vor allem an felsigeren Buchten bestehen gute Schnorchelmöglichkeiten.

Generell machen die hohen Temperaturen im Sommer Sport an Land eher zur Qual. Allerdings wird das Wandern auf den Kykladen in der Vor- und Nachsaison immer beliebter.

Sprache

In Griechenland wird Neugriechisch gesprochen, das mit dem in manchen Schulen gelehrten Altgriechischen nicht mehr viel gemeinsam hat. Das Griechische unterscheidet sich durch sein Alphabet schon auf den ersten Blick von den meisten anderen Sprachen. Das Wort »Alphabet« setzt sich aus den ersten beiden Buchstaben des griechischen Alphabets zusammen: *Alpha* und *Beta*. Dieses ist etwas anders aufgebaut als das lateinische. So ist beispielsweise der dritte Buchstabe des griechischen Alphabets nicht

		Bedeutung	Aussprache
Α	α	Alpha	A
Β	β	Beta	W
Γ	γ	Gamma	G oder J (vor e und i)
Δ	δ	Delta	Th (engl., stimmhaft)
Ε	ε	Epsilon	E
Ζ	ζ	Zeta	S (stimmhaft)
Η	η	Eta	I
Θ	ϑ θ	Theta	Th (engl., stimmlos)
Ι	ι	Jota	I oder J (vor Vokal)
Κ	κ	Kappa	K
Λ	λ	Lambda	L
Μ	μ	My	M
Ν	ν	Ny	N
Ξ	ξ	Xi	Ks
Ο	ο	Omikron	O
Π	π	Pi	P
Ρ	ρ	Rho	R
Σ	σ ς	Sigma	S (stimmlos)
Τ	τ	Tau	T
Υ	υ	Ypsilon	I
Φ	φ	Phi	F
Χ	χ	Chi	Ch
Ψ	ψ	Psi	Ps
Ω	ω	Omega	O

Alltag auf den Kykladen

das »C«, sondern das »G« *(Gamma).* Außerdem gibt es im Griechischen Buchstaben – wie z. B. das *Theta* –, die im lateinischen Alphabet nicht vorkommen. Dafür kann im griechischen Alphabet unser einfach gesprochenes »i« durch verschiedene Buchstaben und Buchstabenkombinationen erzeugt werden.

Straßenschilder und andere wichtige Hinweise im öffentlichen Raum sind oft auch in lateinischer Schrift dargestellt, wobei die Transkription, die Übertragung vom griechischen ins lateinische Alphabet, nicht immer einheitlich ist. In vielen Fällen gibt es nämlich mehrere Möglichkeiten.

Wichtig sind im Griechischen die Aussprache und vor allem die Betonung, da gleich geschriebene Wörter je nach Betonung unterschiedliche Bedeutungen haben können. So heißt *póte* wann und *poté* nie.

Im Alltag

ne	ja
ochi	nein
jiassou/jassas (Mehrzahl)	hallo, auch tschüss
kaliméra	guten Morgen/guten Tag
kalispéra (wird etwa ab Spätnachmittag gesagt)	guten Tag/guten Abend
kalíníchta (wird nur gesagt, wenn man wirklich nach Hause geht und nichts mehr unternimmt, sonst verabschiedet man sich mit *kaló vrási*)	gute Nacht
signómi	Entschuldigung
paraka'ló	bitte
efcharistó	danke
póte	wann
echo	ich habe
Ti kánis/ti kanete?	Wie geht es Dir/Ihnen?
Pos se léne?	Wie heißt Du?
Me léne …	Ich heiße …
then katalavéno	ich verstehe nicht
thélo	ich möchte

Miláte jermaniká?	Sprechen Sie Deutsch?
Miláte angliká?	Sprechen Sie Englisch?
Xéro líga elliniká.	Ich kann etwas Griechisch.
Oríste?!	Wie bitte? Bitte sehr!
endáxi	o.k., in Ordnung
pú	wo
chtés	gestern
símera	heute
áwrio	morgen
to vráthi	abends
to proí	morgens
to messiméri	mittags
to apójevma	nachmittags

Achtung bei der Bestellung im Restaurant: »ein« und »eine«, *mia* und *ena*, richten sich nach dem Geschlecht des Bestellten. So ist z. B. Bier im Griechischen weiblich, deshalb heißt es *mia bíra*, aber *ena kóka kóla*.

Restaurant/estiatório

éna trapési jiá téssera átoma	einen Tisch für 4 Personen
echéte	Haben Sie …?
trapési	Tisch
karékla	Stuhl
potíri	Glas
boukáli	Flasche
fagitó	Essen
saláta	Salat
koriatiki salata	Bauernsalat
maroúli	Grüner Salat
melitsánes	Auberginen
psomí	Brot

Zur Happy Hour in »Little Venice« auf Mykonos

awgo	Ei
kréas	Fleisch
kotópoulo	Hühnchen
psári	Fisch
patátes	Kartoffeln
makarónia	Nudeln
kusína	Küche
pagoto	Eis
portokalada	Limonade
neró	Wasser
bírra	Bier
krassí	Wein
kókkino/áspro	rot/weiß
apó to varéli	vom Fass
Pu íne i tualétta?	Wo ist die Toilette?
Posso kani?	Was kostet es?
Logariasmó parakaló!	Zahlen bitte!
Íne polí akriwó.	Das ist zu teuer.

Wochentage

dheftéra	Montag
tríti	Dienstag
tetárti	Mittwoch
pémpti	Donnerstag
paraskewí	Freitag
sábbato	Samstag
kiriakí	Sonntag

Zahlen

1 *éna*	20 *íkossi*
2 *thío*	30 *triánda*
3 *tría*	40 *saránda*
4 *téssera*	50 *penídta*
5 *pénde*	60 *exínda*
6 *éxi*	70 *efdomínda*
7 *eptá*	80 *ochdónda*
8 *októ*	90 *enenínda*
9 *enéa*	100 *ekató*
10 *déka*	200 *diakóssia*
11 *éndeka*	300 *triakóssia*
12 *dódeka*	400 *tetrakóssia*
13 *deka-tría*	500 *pendakóssia*
14 *deka-téssera*	600 *exakóssia*
15 *deka-pénde*	700 *eptakóssia*
16 *deka-éxi*	800 *oktakóssia*
17 *deka-eptá*	900 *enniakóssia*
18 *deka-októ*	1000 *chília*
19 *deka-enéa*	

Strände

Die einzelnen Inseln verfügen alle über kilometerlange Sand-, aber auch über Kiesstrände und Felsbuchten. Auf Santorin gibt es sogar einen schwarzen Vulkanstrand. Dabei hat sich die Sauberkeit der Strände in den letzten Jahren allgemein sehr stark verbessert und auch die

Wasserqualität ist gut, sodass etliche Strände mit der »Blauen Flagge« ausgezeichnet wurden. An den beliebtesten Touristenstränden werden Liegen und Sonnenschirme vermietet, es gibt zahllose Wassersportmöglichkeiten sowie Strandbars und Tavernen. Zu den berühmtesten und lebhaftesten Stränden gehört der Paradise Beach auf Mykonos, bereits seit Ende der 1970er Jahre ist auch der Mylopotas Beach auf Ios legendär. Auf den meisten Inseln gibt es Strandabschnitte, an denen überwiegend FKK praktiziert wird.

Strom

Die Stromspannung beträgt wie in Deutschland 220 Volt. In der Regel wird kein Adapter benötigt. Es kann allerdings gelegentlich zu Stromausfällen kommen, sodass sich die Mitnahme einer Taschenlampe empfiehlt.

Telefonieren

Fast alle griechischen Telefonnummern sind zehnstellig, wobei auch bei Ortsgesprächen alle zehn Stellen zu wählen sind.

An Kiosken, Postämtern und in einigen Läden kann man **Telefonkarten** der Telefongesellschaft OTE kaufen und damit von Telefonzellen aus telefonieren. Billiger wird es meist mit sogenannten **Prepaid-Calling-Cards**, die es für verschiedene Beträge an Kiosken zu kaufen gibt. Hier vertelefoniert man zu günstigen Minutenpreisen mittels der Eingabe eines Codes den bezahlten Betrag.

Das **mobile Telefonieren** ermöglichen in Griechenland gleich mehrere Unternehmen (Vodafon, Telestet, Cosmote), die mit deutschen Netzbetreibern Roaming-Abkommen haben. Der Einsatz des eigenen Handys ist zwar billiger geworden – Vorsicht, man zahlt auch, wenn man angerufen wird! –, trotzdem sind die Tarife noch recht hoch. Bei einem längeren Urlaub lohnt sich der Kauf einer griechischen Prepaid-Karte, die es in jedem Telefongeschäft zu kaufen gibt. Die Anwendung ist einfach und die Erstregistrierung übernimmt in der Regel der Verkäufer.

Vorwahl Griechenland ✆ +30
Vorwahl Deutschland ✆ +49
Vorwahl Österreich ✆ +43
Vorwahl Schweiz ✆ +41

Trinkgeld

Generell ist unter Griechen das Trinkgeld nicht so üblich wie in Deutschland. Der Grieche lässt, selbst wenn er in großer Runde essen war, meist lediglich ein paar kleinere Münzen für den Abräu-

Katerblick garantiert: spektakuläres Wohnambiente in natürlichen Grotten auf Santorin

mer auf dem Tisch liegen und gibt grundsätzlich dem Chef kein Trinkgeld. In touristischen Restaurants hat man sich jedoch den internationalen Gepflogenheiten angepasst und erwartet schon eher Tip. Ein Trinkgeld von 10–15 % ist in touristisch erschlossenen Gebieten angemessen.

Achtung: In griechischen Lokalen ist es nicht üblich getrennt zu zahlen. Entweder man wirft in der Runde zusammen, bis es passt, und gibt dann dem Wirt den Gesamtbetrag, oder einer zahlt zunächst für alle und man rechnet die Einzelbeträge anschließend untereinander aus.

Unterkunft

Die Inseln bieten eine vielfältige Palette unterschiedlichster Unterkünfte vom einfachen Privatzimmer über Ferienwohnungen bis hin zum Luxusresort. Dabei ist auch für Individualreisende das Angebot groß, die Preise sind eher günstig. Meist ist es kein Problem vor Ort ein Zimmer oder besser noch ein Apartment zu bekommen. Ein Doppelzimmer in einer einfachen Pension ist ab etwa € 25 zu mieten, ein kleines Apartment ab ca. € 30.

Die Qualität der Unterkünfte ist allerdings im Durchschnitt etwas schlechter als in Mitteleuropa. Vier Sterne in Griechenland entsprechen etwa drei bis dreieinhalb Sternen in Deutschland, wobei es natürlich Ausnahmen gibt, und im Luxussegment bestehen kaum Unterschiede. In Griechenland werden die **Hotels** teilweise auch in die Kategorien E (einfach) bis A und Luxus eingeordnet. Die Kategorisierung und die Preise werden staatlich überwacht. Die Preise können je nach Saison und Nachfrage saisonal recht stark schwanken. **Privatzimmer** werden den Reisenden bei Ankunft am Hafen häufig lautstark angeboten.

Die luxuriösen Hotels und Resorts konzentrieren sich vor allem auf Mykonos und Santorin. Teilweise beenden die Hotels die Saison bereits Ende September bis Mitte Oktober.

Campingplätze unterschiedlicher Qualität gibt es ebenfalls auf einigen Inseln. Wild campen ist in Griechenland inzwischen verboten und wird auch nur noch ganz vereinzelt toleriert.

Zeitzone

Die Kykladen sind unserer Zeit eine Stunde voraus. Für die Sommerzeit wird wie in Deutschland die Uhr eine Stunde vorgestellt.

Zoll

Mit der Öffnung des europäischen Binnenmarktes können EU-Bürger Waren für den eigenen Bedarf in angemessenem Umfang ein- und ausführen. Hier einige Mengenangaben: bis zu 800 Zigaretten, 200 Zigarren, 10 Liter Spirituosen und 90 Liter Wein werden anerkannt (aber wer kann schon 90 Flaschen Wein bei einem Flug transportieren?). Streng verboten ist die Ausfuhr von Ikonen und Antiquitäten, die älter als 50 Jahre sind.

Für Reisende aus Nicht-EU-Ländern gelten folgende Freimengen: 200 Zigaretten, 1 Liter Spirituosen und 1 Liter Wein.

Dinge für den persönlichen Gebrauch oder Geschenke in Höhe von ca. € 500 pro Erwachsenem und € 250 pro Kind sind aus den EU-Ländern problemlos einführbar. Aus Nicht-EU-Ländern reduziert sich dieser Wert jedoch drastisch auf ca. € 50.

Warten auf den Sonnenuntergang in Oia (Santorin)

Die **fetten** Seitenzahlen verweisen auf ausführliche Erwähnungen, *kursiv* gesetzte Begriffe bzw. Seitenzahlen beziehen sich auf den Service.

Bildnachweis

Oliver Bolch, Maria Enzersdorf: S. 23 u., 43 o., 45, 68, 89
Bodo Bondzio, Bad Honnef: S. 65
FOTOLIA/Adagio: S. 23 o., 25, 26; Georgios Alexandris: S. 24, 61 u.; Amridesign: S. 7 u.; Carpenter: S. 27 o.; Virginie Castor: S. 69; Richard Connors: S. 83; DeVIce: S. 70; Réne Drouyer: S. 63; DX: S. 66; Brian Eberle: S. 47; Farida: S. 37 u., 40, 50, 51, 52 u., 55; Fotopro: S. 92 o.; Al Carey Gesite: S. 84; Konstanze Gruber: S. 48, 79 o.; Lijuan Guo: S. 38 o.; Harmonie57: S. 85; HEJH1971: S. 16; JCVStock: S. 75; Roswitha Keller: Schmutztitel (S. 1); Lansing: S. 28; Robert Lerich: S. 29, 86; Maurizio Malangone: S. 9 u.; Katrin Manz: S. 10, 88; Mikiphoto: S. 41; Laurent Patureau: S. 57; Pavlos: S. 4/5 und Umschlagrückseite, 27 u., 32/33, 37 o., 49; Pgm: S. 9 o.; Picture-optimize: S. 67; PixAchi: S. 12/13; Giuseppe Porzani: S. 43 u.; Sbm Hotting: S. 56; Jan Schuler: S. 34 u.; Jens Se: S. 18/19; Natalia Sinjushina: S. 2; Ste72: S. 91; Vangelis Thomaidis: S. 31; Richard Villalon: S. 15; Alex Yeung: S. 59 o., 59 u., 61 o.; 4Vetra: S. 82
Andrea Herfurth-Schindler, Köln: S. 71, 73, 78, 79 u., 80, 92 u., 93
János Kalmár, Wien: S. 22, 53, 64
Volkmar E. Janicke, München: S. 76
Markus Kirchgeßner, Frankfurt/M.: S. 14/15, 17, 20
Pixelio: S. 18, 41 o.
Vista Point Verlag (Archiv), Köln: S. 6 o., 6 u., 7 o., 32, 34 o., 36, 46, 52 o., 54, 72 o., 72 u., 74, 77, 90
Petra und Gerhard Zwerger-Schoner, Innsbruck: S. 38 u., 62

Schmutztitel (S. 1): Mühle in Vothonas, südöstlich von Fira (Santorin)
Umschlagrückseite: Kykladen-Atmosphäre pur – Naoussa auf Paros

Verlegerische Leitung und Reihenkonzeption: Horst Schmidt-Brümmer, Andreas Schulz
Bildredaktion: Andrea Herfurth-Schindler
Textredaktion: Kristina Linke
Lektorat: JB Bild | Text | Satz, Köln
Layout und Herstellung: Sandra Penno-Vesper
Reproduktionen: Henning Rohm, Köln
© Kartographie: Kartographie Huber, München
Gedruckt auf chlorfrei gebleichtem Papier

ISBN 978-3-88973-141-8

An unsere Leserinnen und Leser!
Die Informationen dieses Buches wurden von den Autoren gewissenhaft recherchiert und von der Verlagsredaktion sorgfältig überprüft. Nichtsdestoweniger sind inhaltliche Fehler nicht immer zu vermeiden. Für Ihre Korrekturen und Ergänzungsvorschläge sind wir daher dankbar.

VISTA POINT VERLAG
Händelstr. 25–29 · 50674 Köln · Postfach 27 05 72 · 50511 Köln
Telefon: 02 21/92 16 13-0 · Fax: 02 21/92 16 13 14
www.vistapoint.de · info@vistapoint.de